Friaul

Slowenisches Küstenland

WEIN UND REISEN

Massimo Buchi

Wolfgang Thomann

Friaul

Slowenisches Küstenland

ENOVERLAG

ENO-Verlag Offenbach (Main)

1. Auflage 1999

Herausgeber
Eckhard Supp

Schlußredaktion
Christa Hanten

Umschlag und künstlerische Gestaltung
Christoph Hofbauer, Daniel Barthélémy
Foto: Firmenfoto La Viarte

Satz
Eno-Verlag, Offenbach

Druckbetreuung
dm druckmedien gmbh, München

printed in Italy

ISBN 3-9804025-4-1

Bildnachweis:
A. Faber S. 9, 15, 38, 61, 64 u.l. - E. Supp S. 18, 19, 22, 26, 31, 37, 54, 56, 64 l.o., m.r., 65 - W.Thomann S. 69 bis 93 - Firmenfotos S. 7, 14, 45, 46, 64 r.o., m.l., u.r.

Zeichenerklärung

Anzahl Plätze
Restaurant, Gaststätte
Übernachtung (Bettenzahl)
Kredikarten
Telefon
Fax
e-mail, Internet-Präsenz

Weinverkauf ab Hof
Empfang von Gruppen
Weinbergsfläche (ha)
Produktion (Flaschen)

Preisgruppe Essen *
bis 25 •
bis 50 •
über 50 •

Preisgruppe Zimmer **
bis 50 •
bis 75 •
bis 125 •
über 125 •

* *für drei Gänge mit einfachem Wein*
** *pro Person im Doppelzimmer*

Inhalt

Von Furlanern und Friaulern

Weinreisen ins Friaul? Für den Freund italienischer Weine mag die Idee seltsam klingen. Weine, zu denen die Reise lohnt, vermutet man eher in der Toskana, vielleicht auch im Piemont oder noch in Südtirol und Venetien. Viel zu lange hat die Region Friaul-Julisch-Venetien im Nordosten des Landes, eingebettet und eingezwängt zwischen die Kärntner Alpen im Norden, das unbekannte Slowenien im Osten und die Touristenmagnete der Adria im Südwesten, im Hinblick auf seinen Weinbau und seinen Tourismus eine eher bescheidene Existenz gefristet. Sicher! Bei Erdbeben oder in politischen Krisensituationen auf dem Balkan sprach man von ihr. Das Interesse an Weinen und kulinarischen Geheimtips dagegen beschränkte sich meist auf Wochenendurlauber aus dem nahen Österreich und aus Italien selbst.

Wer einmal den Sonnenaufgang über den Rebzeilen von Ipplis und Rocca Bernarda in den Hügeln südöstlich der Hauptstadt Udine erlebt, den Blick auf den faszinierenden Alpenbogen hinter der weiten Ebene des Tagliamento genossen hat, der wird von dieser Landschaft zwischen Bergen und

Kleine Chronik des Weinbaus im Friaul

13. v. Chr. – Illyrer kultivieren die ersten Weinreben im Friaul

181 v. Chr. – Rom erobert die spätere Provinz Gallia Cisalpina und entwickeln den Weinbau

11. bis 15. Jh. – Klöster kultivieren Ribolla, Malvasia, Verduzzo, Schioppettino und Pignolo

1420 – Venedig erobert die Provinz Udine, das habsburgische Österreich Görz

1866 – Das Friaul schließt sich der Republik Italien an

1918 – Der östliche Teil der Region fällt nach dem Ersten Weltkrieg an Italien

1954 – Auch Triest gehört wieder zu Italien

1968 – Die Weine des Collio erhalten als erste im Friaul DOC-Status

1970 – Die Colli Orientali werden DOC-Gebiet

1975 – 1979 – Isonzo, Aquileia, Latisana und Grave bekommen die DOC

ab 1990 – Die vorläufig letzte DOC, Annia, und neue Igt-Gebiete werden eingerichtet

Meer nicht mehr lassen wollen. Vom Massentourismus weithin unberührt, besitzt sie eine Anziehungskraft, die jeden in ihren Bann schlägt, der in ihren Hügeln unterwegs war, von ihren Weinen gekostet hat.

Selbst für diejenigen unter den Weinfreunden, die in den letzten Jahrzehnten vor allem weiße Friau-ler Gewächse kennen- und schätzen gelernt haben, stellen die Hügel zwischen Udine und Görz, Cividale und Aquileia meist ein noch unerschlossenes Terrain dar. Land für Neuentdeckungen! Großartige Weiß- und Rotweine aus den sogenannten "internationalen" Rebsorten Char-donnay, Sauvignon oder Merlot, die den besten Gewächsen aus dem Piemont und der Toskana in nichts mehr nachstehen, vor allem aber eine breite Palette von Weinen aus einheimischen Rebsorten, deren verborgene Qualitäten sich gerade erst zu entfalten beginnen, zeugen von einem Weinbaupotential, das für die Zukunft noch viel verspricht.

Vorrömische Rebkulturen

Daß der Weinbau in den meisten mitteleuropäischen Anbaugebieten wie Frankreich, Deutschland oder Österreich erst unter der Herrschaft der Römer begonnen hat, gilt in gewisser Hinsicht auch für das Friaul, aber eben nur in gewisser Hinsicht. Die Spuren menschlicher Besiedlung des Landstrichs jedenfalls sind weit älter als die des römischen Imperiums und gehen zurück auf die Altsteinzeit vor gut 40.000 Jahren. In der Jungsteinzeit, der Bronze- und der Eisenzeit waren das heutige Venetien und der Karst bei Triest bereits relativ dicht bevölkerte Kulturlandschaften.

Das Friaul war damals wie heute eine Grenz- und Durchgangsregion, ständig wechselnden Einflüssen neuer Kulturen ausgesetzt. Kelten, Furlaner – ein Volk der rätoromanischen Sprachgruppe, dessen Spuren im weitverbreiteten Familiennamen Furlan erhalten sind –, die keltischen Karner und illyrische Stämme wechselten sich ab, und man glaubt heute zu wissen, daß Weinbau hier bereits im 13. und 12. Jahrhundert vor Christus von den Illyrern betrieben wurde. Viel ist über die vorrömischen Rebkulturen allerdings nicht bekannt, sieht man einmal davon ab, daß bereits bei griechischen Autoren ein Wein namens Adriano aus dem Gebiet von Görz Erwähnung findet.

Friaul zwischen den Fronten

Der römische Schrifsteller Plinius der Ältere beschreibt kurz nach der Zeitenwende einen Wein namens Pulcinum aus Carnorum Regio – vielleicht den direkten Vorfahren des heutigen Prosecco. Ihre Herrschaft und damit ihre Wirtschaftsform hatten die Römer bereits gegen Anfang des 2. Jahrhunderts vor Christus bis hierhin ausgeweitet, und im 1. Jahrhundert wurde das Gebiet Teil der römischen Provinz Gallia Cisalpina, später dann der Senatorischen Provinzen. Regionales Zentrum der imperialen Macht war Aquileia, das einem der heutigen Anbaugebiete seinen Namen gab, allerdings nur noch in fragmentarischen Ausgrabungen in der Nähe des hübschen Küstenstädtchens Grado erhalten ist.

Bestehen blieb aus jener Zeit vor allem der Name einer der Teilprovinzen, Forum Julii, was zu Friuli zusammengezogen zum Namen des Herzogtums wurde, das sich nach dem Ende

Das berühmte Castello di Spessa im Collio-Gebiet.

der römischen Herrschaft hier etablierte. Mit seiner Entstehung verlagerte sich auch das politische Zentrum der Region, das in Aquileia auch Jahrhunderte der byzantinischen Herrschaft und die Völkerwanderung mit dem Eindringen von Goten und Langobarden überdauert hatte, ins nördlichere Civitas Austriae, das heutige Cividale. Karolinger und Franken beherrschten das Friaul vier Jahrhunderte lang, die Ungarn eroberten es zu Beginn des 10. Jahrhunderts, aber die wechselnden ethnischen und politischen Einflüsse schweißten die Bevölkerung der Region nur enger zusammen und ließen jene Friauler Kultur entstehen, die bis in unsere Tage dem Land, seinen Menschen und ihrer Sprache ihren Stempel aufdrückt.

Natürlich waren es auch hier Klöster, die in der Phase des kulturellen und wirtschaftlichen Aufschwungs während der Feudalinvestitur des 11. bis 15. Jahrhunderts ganz wie in Deutschland, Österreich und Frankreich zu Zentren der neu entstehenden Weinkultur wurden. Ihre Mönche kultivierten bereits damals die noch heute bekannten Rebsorten wie Ribolla, Malvasia, Verduzzo, Schioppettino oder Pignolo.

Typische Friauler Gerichte

Frico – gebratener Montasio-Käse
Pirùs e formadi – Birnen und Käse
Salamp tal asêt – Salami in Essig
Persùt cui fics – Schinken mit Feigen
Uardi e fasûi – Gerste und Bohnen
Gnocs di patatis – Kartoffelgnocchi
Paparot – Spinat und Polenta
Risòt cui sparcs – Spargelrisotto
Risòt di Urtizzòns – Hopfenrisotto
Risòt di Maran – Risotto mit Meeresfrüchten
Risòt di urtìs - Brennesselrisotto
Pilòt – Kartoffeln und Bohnen mit Speck
Zuf di côce - Kürbisbrei
Boreto de Grado – Gradeser Fischsuppe
Sope di Pes di Maran – Maraner Fischsuppe
Foncs ai Savôrs – Pilze in Öl gebacken
Tocjo di Purcìt – Schweinefleisch und Innereien
Frico cu lis patatis – Frico mit Kartoffeln
Lujanie cul tocjo – Würstchen in Sugo
Salamp te cinise – Salami in der Glut
Formadi cu lis jarbis – Käse mit Kräutern
Ûs in fonghèt – Ei (Omelette) mit Pilzen

Österreich contra Venedig

Erst im 15. Jahrhundert dividierte sich das Schicksal der einzelnen Teile der Region wieder auseinander, was auch im Weinbau deutliche Spuren hinterlassen sollte. Venedig hatte 1420 den Westteil der Region mit Udine als Zentrum erobert, während sich Habsburg den östlichen Teil um Görz, das heutige Gorizia, sicherte. Diese Aufteilung des Friaul blieb fast 500 Jahre lang gültig und überdauerte die zahlreichen Einfälle der Türken in der heftig umkämpften Region.

Nach einem halben Jahrhundert ständigen Wechsels zwischen der französischen, nachnapoleonischen und habsburgischen Herrschaft fiel das Friaul 1866 zusammen mit Venedig an die neue Republik Italien, und auch der östlichste Teil der Region, das Hügelland jenseits des Flusses Judrio, wurde nach dem Ersten Weltkrieg italienisch. In der historischen und kulturellen Trennung zwischen Venedig und Österreich liegt wahrscheinlich – mehr noch als in irgendwelchen klimatischen und geologischen Rahmenbedingungen – der wahre Grund für die unterschiedliche Ausrichtung des Weinbaus in den verschiedenen Teilen des Friaul. Während im östlichen, von Österreich beeinflußten Landesteil sich eine ausgesprochene Weißweinkultur durchsetzte, entwickelte sich der von Vendig geprägte Teil zum Rotweinland.

Optimale Voraussetzungen

Die natürlichen Bedingungen für Weinbau sind im Friaul optimal, besser vielleicht sogar als in vielen anderen italienischen Regionen. Zwar regnet es hier mehr als in jeder anderen Gegend des Landes, ausgenommen vielleicht – und sicher entgegen gängiger Vorurteile – in der Stadt Neapel, aber die durchschnittlich 1600 mm Niederschläge im Jahr verteilen sich höchst ungleichmäßig zwischen den alpennahen Landstrichen und den Flußebenen, wo in trockenen Jahrgängen bewässert wird. Die Jahresdurchschnittstemperatur liegt mit bis zu 15 °C erheblich über den deutschen Anbaugebieten, was für gute Reifebedingungen der roten Sorten spricht.

Die besten Restaurants, Osterie und Trattorie

50

Trattoria Agli Amici
Via Liguria, 250
Godia Udine
☎ 0432-565411
Sympathisches, modernes Lokal, in dem die ganze Familie mitarbeitet. Friauler Küche mit Phantasie, manchmal kräftig gewürzt.
So & Mo abend geschl., 12:00 - 14:30 Uhr, 19:00 - 22:30 Uhr

40 (+10)

Trattoria Ai Fiori
Piazza Attilio Hortis, 7
34100 Trieste
☎ 040-300633
Schönes, kleines Restaurant mit sehr freundlichem Service, am Rande des Universitätsviertels, spektakuläre Weinkarte mit niedrigen Preisen.
So & Mo, Weihn. bis Neuj. & teilw. Jul geschl.

40

Al Giardinetto
Via Matteotti, 54-56
34071 Cormòns
☎ 0481-60257
Fax 0481-630704
Eines der besten Restaurants des Friaul mit sehr gutem Preis-Leistungs-Verhältnis. Regionale Gerichte verfeinert, Kräuter statt Gewürze, Zutaten und Zubereitung perfekt. Viele Weine auch glasweise
Mo & Di, 3 Wochen Anf. Jul geschl.

30 (+ 30)
Trattoria Al Piave
Via Cormòns 6, Corona
34070 Mariano del Friuli
0481-69003
0481-69340
Sympathisches Landgasthaus, rustikal eingerichtet, gute Fleischgerichte.
Di geschl.

40 (+ 40)
All'Androna
Calle Porta Piccola, 4
34073 Grado
0431-80950
Nette Atmosphäre, traditionell eingerichtetes Restaurant mit Tischen in der Altstadtgasse. Direkt daneben „In Cogòlo“, eine der Bars, in der die Gradesi ihren Wein trinken.
Im Winter Di, Dez - März geschl.

35
Osteria Alla Ghiacciaia
Via Zanon, 13
33100 Udine
0432-502471
Traditionelles Lokal in herrlicher Umgebung, einfache Holztische, Terrasse direkt am Kanal, nur fünf oder sechs einfache, schmackhafte Gerichte, gute Weine.
Mo. & 1. - 15. Mai, Ende Okt geschl.

50 (+40)
Trattoria Alle Viole
Via Gorizia, 44
34072 Gradisca d'Isonzo
0481-961042
Typische Gerichte der Region, drinnen gemütlich, draußen wie im Biergarten.
Im Sommer So,
im Winter Di geschl.

Auch für die notwendige Aromabildung bei den weißen Sorten ist gesorgt: Die permanente Luftbewegung zwischen Alpen und Meer sorgt an der Nordseite der Hügelketten für große Schwankungen zwischen Tages- und Nachttemperaturen, was die Bildung von Aromastoffen begünstigt.

Geologisch gesehen, ist das Friaul in zwei etwa gleich große Hälften geteilt, deren nördliche – Alpen und Voralpen – für Weinbau denkbar ungeeignet sind. Nur in den Ebenen und auf den Hügelketten der südlichen Hälfte herrschen gute Voraussetzungen für Rebkulturen: Moränenhügel mit trockenen, mineralarmen Böden, Vulkanablagerungen, die reich an Mineralien und Spurenelementen sind, Schwemmland mit trockenen, steinigen Böden und schließlich Küstenland mit Sand, Torf und hohem Kalkanteil. In den Anbaugebieten Collio und Colli Orientali sorgt der sogenannte "Flysch" von Cormòns – eine Mischung aus Mergel- und Sandsteinschichten, die während des Eozäns durch Meeresablagerungen entstanden – für die charaktervollsten und komplexesten Weine der gesamten Region. Zu Recht gelten die beiden Gebiete deshalb auch als die eigentlichen Sahnestücke des Friaul, und wann immer von Friauler Weinen die Rede ist, sind meist die Gewächse der Hügelketten zwischen Udine und Görz gemeint.

Eigenes und Fremdes

Das geschichtliche Wechselbad hat im Friaul auch zur Entstehung eines ganz eigenen, in sich gekehrten Menschenschlages geführt, der seine Sprache fast wie einen

Schutzwall gegen die fremden Herrscher benutzte und noch immer benutzt. Wollte man es unter negativen Vorzeichen sehen, so könnte man sagen, daß die Friauler verschlossen und weltfremd sind – der Rückzug ins Innenleben war über Jahrhunderte hinweg ihre wichtigste Widerstandsform. Zugereiste, die sich zwischen Udine und Triest niedergelassen haben, klagen oft noch nach Jahren, nicht mehr als eine knappe Handvoll Freunde zu haben, und der Polizeipräfekt von Gorizia weiß zu berichten, daß seine Provinz sich der höchsten Quote anonymer Denunziationen ganz Italiens "rühmen" darf.

Natürlich – und glücklicherweise, sollte man sagen – liegen die Dinge im Weinbau ganz anders, denn hier haben die Friauler in den letzten beiden Jahrzehnten, gefördert durch intensive Kontakte im In- und Ausland, eine Weltoffenheit entwickelt, die im Vergleich mit der Mentalität anderer italienischer Regionen geradezu wohltuend wirkt. Dennoch war auch der einheimische Weinbau von einer Dialektik autochthoner Kultur und fremder Einflüsse geprägt, die schon beim Blick auf die Rebsorten sichtbar wird: Internationale Sorten französischer Herkunft wie Cabernet, Merlot, Chardonnay oder Sauvignon werden gleichberechtigt neben Ribolla gialla, Pignolo, Schioppettino oder Picolit kultiviert, die außerhalb des Friaul – mit Ausnahme vielleicht des benachbarten slowenischen Küstenlands – vollkommen unbekannt sind.

Diese Offenheit des Weinbaus liegt auch darin begründet, daß er in seiner heutigen Form kein historisch gewachsenes Gebilde ist, son-

Osteria Antica Bettola Da Marisa
Via Coseano 1
Rodeano Basso
0432-807060
Nur ein festes Menü, aber sehr gutes Preis-Leistungs-Verhältnis, spektakuläre Weine zu noch spektakuläreren Preisen.
Anf. Sept 14 Tg geschl.

40
Ristorante Blasut
Via Aquileia 7, Lavariano
33050 Mortegliano
0432-767017
Dante Bernardi ist eine umstrittene Persönlichkeit, manche halten ihn für ein Genie, andere für etwas verrückt. Typische Friauler Küche und gute Weinkarte.
So abd. & Mo,
10. - 31.8. geschl.

120
Ristorante Campiello
Via Nazionale, 40
33048 San Giovanni al Natisone
0432-757910
0432-757426
Eines der besten Friauler Fischrestaurants. Dario Marcorig ist ein ausgesprochener Weinfreak, der nicht nur einen tollen, vollen Keller hat, sondern auch die beste Informationsquelle der Region ist.
Restaurant So.,
Hotel 10. - 25. 8. geschl.

100
Concordia
Piazza Primo Maggio
33100 Udine
0432-505813
0432-297985
Pizzeria und Restaurant, sehr gute Weinkarte.
Mo geschl.

dern sich erst nach dem Zweiten Weltkrieg über viele Brüche und Einschnitte hinweg formierte. Nur wenige der bekannten und berühmten Erzeugerbetriebe der Region sind in der Tat aus alten Winzerfamilien hervorgegangen, die meisten entstanden erst in den sechziger und siebziger Jahren durch massive Investitionen von Industriellen, Seiteneinsteigern und

Von der Rocca Bernarda, dem Weingut des Malteserordens aus, schweift der Blick weit über das Friaulische Plateau und die Karnischen Alpen.

zugezogenen Weinhändlern. Der Gotha des Friauler Weinbaus wird deshalb nicht von alteingesessenen Weinbauern, sondern von den beiden Familien der einstigen Weinhändler Felluga, von den Erben der Möbelindustriellen Zamò und Palazzolo, von Versicherungskonzernen, einstigen Steuerberatern und noch immer aktiven Ziegelfabrikanten gebildet.

Ihr Engagement war allerdings auch bitter nötig, denn noch bis in die sechziger Jahre war der Weinbau der Region nicht nur kommerziell unbedeutend und diente allenfalls der Versorgung der einheimischen Bevölkerung mit Schoppenweinen, sondern er stand auch qualitativ auf einem Niveau, das Welten hinter dem damals bereits auf vollen Touren laufenden Aufschwung des italienischen Weins hinterherhinkte.

Wenn das Friaul in den letzten Jahren vor allem für seine frischen und aromatischen Weißweine bekannt wurde, dann verdankt es das Männern wie Mario Schiopetto, die in den siebziger Jahren mit modern vinifizierten, sortenreinen Gewächsen aus Weiß- und Grauburgunder, Chardonnay und Sauvignon Aufmerksamkeit erregten. Bis dahin hatte die Region vor allem Rotweine produziert. Noch 1965 stammten 80 Prozent der Weine der Region aus roten Trauben, ein Anteil, der sich seither auf etwa die Hälfte verringert hat.

Staat machen konnten die Winzer mit diesen traditionellen Rotsponen allerdings nicht, und das lag vor allem daran, daß diese meist von eher trauriger Gestalt waren – dünne grasige Tröpfchen, überwiegend aus Merlot gekeltert –, die in den meisten Fällen kaum den Sommer nach der Ernte überlebten, bevor sie oxidierten oder sich in Essig verwandelten.

Der Osten ist rot

Auf der Suche nach einem Platz an der Sonne am italienischen Weinmarkt, der sich durch die massiven Qualitätsbemühungen der Toskaner und Piemonteser tiefgreifend verändert hatte, lag es für die Friauler nahe, ihr Glück nicht mit den Rotweinen, sondern eher mit weißen Sorten zu versuchen, für die es außer in Südtirol im eigenen Land kaum nennenswerte Konkurrenz zu geben schien.

Mit Hilfe moderner Weinbau- und Kellertechniken stiegen sie von ihren einstigen, schwerfällig-süffigen Produkten auf moderne, leicht und fruchtig gemachte Weine um und sicherten sich damit rasch die Gunst der Weinfreunde im In- und Ausland. Nur wenige Winzer erkannten in jener Zeit das eigentliche Potential der roten Sorten wie beispielsweise Dina und Paolo Rapuzzi aus Cialla bei Cividale, die schon Ende der siebziger Jahre damit begannen, sich verstärkt ihren alten Refosco- und Schioppettino-Stöcken zu widmen und deren Weine auf Anraten des italienischen Weinpapsts Veronelli systematisch in kleinen Fäßchen aus neuem Eichenholz lagern und reifen zu lassen – die Vorhut der nach diesen Fäßchen benannten Barrique-Weine war geboren.

60 (+15)
Ristorante **Da Nico „Alla Fortuna"**
Via Marina, 10
34073 Grado
0431-80470
Restaurant der „habitués" von Grado, im Sommer kleine Terrasse mitten im Trubel am Hafen, typische Trattoria mit Gemäldekitsch an den Wänden, Service sehr professionell und freundlich, gutes Preis-Leistungs-Verhältnis, gute Weine
Im Winter Do geschl.

40
Trattoria Da Toni
Piazza Duca d'Aosta, 37
34073 Grado
0431-80104
Modernes Restaurant im Zentrum Grados, gute Küche und Weinkarte.
Mi außer Jul & Aug und 15. 12. - 1. 2. geschl.

120
Ristorante Da Toni
Via Sentinis 1,
Gradiscutta
33030 Varmo
0432-778003
Gutes Fleisch vom Grill, traditionelle Gerichte, Minestrone mit Basilikum. In der Nähe der berühmten Villa Manin.
Mo, teilw. Jul & Aug geschl.

35 (+35)
Trattoria Da Toso
Via Pozzuolo, 16
Leonacco, 33019
Tricesimo
0432-852515
Hervorragende Fleischgerichte, Gnocchi, Chef steht selbst am Herd
Di abd. & Mi, teilw. Jan & Feb, 15. 8. - 15. 9. geschl.

In den neunziger Jahren haben die Rotweine dann viel vom verlorengegangenen Terrain wiedererobern können. Ob mit einheimischen Sorten wie die Rapuzzis oder mit Bordeaux-Verschnitten wie Girolamo Dorigo oder Ronco del Gnemiz, ob mit reinsortigem Merlot wie Livio Felluga und jüngst Villa Russiz oder mit der früher meist untrink-baren, jetzt aber gezähmten und eleganten Tazzelenghe (das heißt soviel wie Zungenschneider) der Weingüter Vigne di Zamò – die Zukunft des italienischen Nordostens ist seit einiger Zeit eindeutig rot gefärbt, sieht man von den Hügeln des Collio an der Grenze zu Slowenien ab. Aber dazu später mehr!

Cantine aperte

Mit der verstärkten internationalen Orientierung hat sich der gesamte Friauler Weinbau in nur wenig mehr als zwei Jahrzehnten radikal verändert. Aus den einstigen Schoppenweinen wurden Spitzenprodukte, aus den einst so verschlossenen, in sich gekehrten Friulaner Weinbauern Globetrotter, die ihre Weine in den Metropolen aller Kontinente verkaufen und Weinfreunde der Welt bei sich willkommen heißen, wenngleich im Fehlen jener Selbstverständlichkeit von Weinproben und regelmäßigem Weinverkauf ab Hof, wie man sie aus Deutschland, Österreich oder auch den Ländern der Neuen Welt gewohnt ist, noch ein wenig von der alten Verschlossenheit des Friauler Menschenschlags nachzuklingen scheint.

Immerhin waren die guten Friauler Betriebe unter den Vorreitern einer Bewegung, die in Italien

Anfang der neunziger Jahre Neuland betrat und sich die Förderung des Weintourismus auf die Fahnen schrieb. Jedes Frühjahr organisieren sie einen Tag der Offenen Tür, an dem die bedeutendsten Weinbaubetriebe Tausende von Besuchern empfangen. Der persönliche Kontakt, der sich an diesen Tagen zu den Winzern herstellen läßt, gehört zu den schönsten Erfahrungen, die man auf einer Weinreise in den italienischen Nordosten machen kann.

Dazu kommt, daß heute nicht nur die Weinerzeuger der Region zu internationalem Spitzenniveau gefunden haben, sondern auch die Gastronomie. Auch sie wurde im Laufe der Jahrhunderte von den verschiedensten Einflüssen geprägt, und sowohl die venezianische wie auch die österreichische Handschrift sind neben den Spuren der einheimischen Küche unübersehbar.

Habsburger Schmankerln

Das beginnt bei den Strudeln, Eintöpfen und der Zubereitung angegorener Krautgerichte, die aus Mitteleuropa stammen, setzt sich fort über Gnocchi, Polenta und Minestren venezianischer Prägung und endet bei einem urfriulanischen Gericht namens Frico, das aus feingeschnittenem, in der Pfanne gebratenem Montasio-Käse bereitet wird, den man entweder wie einen Pfannkuchen – außen knusprig, innen weich –, mit Kartoffeln oder einfach in ein Blatt Radicchiosalat eingerollt serviert.

Wie die Landschaft, so ist auch das gastronomische Panorama des Friaul in zwei Hälften gegliedert: eine nördliche, in der Fleischge-

Trattoria del Parco
Via Stretta del Parco, 1,
33042 Buttrio
☎ 0432-674025
Populäre Trattoria in wunderschönem Park, beliebt bei Hochzeitsgesellschaften, gute Weine aus dem Weingut der Merois.

80

Trattoria Gostilna - Devetak
San Michele del Carso, 48
Savogna d'Isonzo
☎ 0481-882005
Fax 0481-882488
Familienbetrieb auf dem Carso, die ganze Großfamilie arbeitet mit. Typische Gerichte, in letzter Zeit deutlich verfeinert, sehr gute Weinkarte
Mo & Di geschl.,
Jahresurlaub auf Anfrage

70

Trattoria La Subida
Loc. Monte, 22
34071 Cormòns
☎ 0481-60531
Fax 0481-61616
Eines der schönsten Restaurants im Collio, auch die Osteria ist empfehlenswert, originelle, sehr feine Küche, Appartements
Sa, So mitt & abds, Do, Fr, Mo nur abds geöffn., Feb & 1. Juli-Wo geschl.

40 (+ 140)

Ristorante La Taverna
Piazza Castello, 2
33010 Colloredo di Monte Albano
☎ 0432-889045
Fax 0432-889676
Elegantestes Restaurant des Friaul. Gute Zutaten, perfekte Zubereitung.
Mi & So abd. & 20 Tage im Nov. geschl.

Weinberge des Weinguts Vigne dal Leon unterhalb der Rocca Bernarda.

richte dominieren – Schweinefleisch und Innereien, Kuttelsuppe, Salami, aber auch Ente, Gans und Kaninchen gehören zu den Spezialitäten –, und in eine südliche, fischgeprägte. Vor allem in den Hafenstädten der Adria, in Grado, Monfalco-ne und Trieste, aber auch im Hinterland bis hinauf nach San Giovanni al Natisone oder Cormòns genießt man hervorragende Sardellen- und He-ringsvorspeisen, Jakobsmuscheln, Risotto mit Meeresfrüchten und Fischgerichte der verschiedensten Zubereitungsarten.

Daß der weltberühmte luftgetrocknete Schinken der kleinen Bergstadt San Daniele – in der Produktion dem Parmaschinken ähnlich, aber im Geschmack eine Spur würziger –, in dieser Aufzählung nicht fehlen darf, versteht sich von selbst, so wie man auch die habsburgernden Strudel und Krapfen nicht in falsch verstandener Italophilie verschmähen sollte, wie das bei Besuchern aus Deutschland oder der Schweiz gelegentlich zu beobachten ist.

Über all dem thront natürlich der Wein, der unumstrittene Herrscher über die Hügel und Täler der Landschaft zwischen den Alpen und dem Meer. Er war es, der den noch vor nicht allzu langer Zeit fast unbekannten italienischen Nordosten in den Blickpunkt rückte, er stellt das ideale Bindeglied zwischen Geschichte, Kultur und kulinarischem Genuß her und ist der ideale Anlaß für eine Reise nach Friaul-Julisch-Venetien.

80

Enoteca Mauro
Montegnacco
33019 Cassacco di Tricesimo
0432-880000
0432-851643
Stimmungsvolle Enoteca für Abende bei schönem Wein, viele Flaschen auch im Ausschank.
Verkauf: 10:00 - 13:00, 17:00 - 20:00 Uhr,
Ausschank: 17:00 - 3:00 Uhr, Di & Mi geschl.

Rebkulturen mit Charakter

So historisch zerrissen das Friaul bis zu seiner Eingliederung in die Republik Italien war, so vielfältig stellt sich auch heute seine Weinlandschaft dar, die in mehr als ein halbes Dutzend sehr eigenständiger Anbaugebiete aufgeteilt ist. Diese Verschiedenheit mag erstaunen, wirkt die Region auf den unbefangenen Besucher doch so überschaubar und kompakt, daß man nennenswerte Variationen in bezug auf Böden und Klima kaum für möglich hält. Schon ein Blick auf die Bodenformationen der verschiedenen Teile des Friaul belehrt jedoch eines Besseren. Sieht man einmal vom kalkhaltigen Dolomit des Alpenbogens ab, auf dem kein Weinbau möglich ist, so findet man in den Weinbaugebieten im Wesentlichen vier Bodenarten: Moränenhügel, die von den Gletschern der Eiszeiten gebildet wurden, Meeresablagerungen, die sich nach dem Rückzug des Wassers in der Vorgeschichte zu Hügeln auftürmten, wie im Falle des bereits erwähnten Flysch von Cormòns mit seinen Mergel- und Sandsteinschichten, Flußebenen mit Kies- und Geröllablagerungen und schließlich die sandigen oder tonhaltigen Böden des Küstenlands, wo die Reben sogar auf Flächen wachsen, die dem Meer erst in der jüngeren Geschichte abgerungen wurden.

Natürlich gedeihen auf jedem dieser Böden jeweils andere Rebsorten, und sie bringen auch unterschiedliche Weine hervor. Hinzu kommt, wie immer im Weinbau, der Faktor Mensch, der als Weinbauer und Weinmacher, aber auch durch seine historischen und politisch-sozialen Verhältnisse den Stil des Weins prägt. So ist es beispielsweise nur in zweiter Linie den Böden und dem Klima zu verdanken, daß das östliche Friaul auf eine weitgehend von weißen Gewächsen dominierte Geschichte zurückblicken kann, während im Westen die roten Sorten das Sagen hatten. Der Hauptgrund liegt vielmehr in der jahrhundertelangen Herrschaftsteilung zwischen Venedig und Österreich mit ihren unterschiedlichen Weinbautraditionen, wobei Österreich übrigens nicht nur deutliche Spuren im Sortenspiegel der Provinz Gorizia, sondern auch in der sortenorientierten Einteilung der Qualitätsweinklassen hinterließ, die zum Modell für die gesamte Region wurde.

Österreichisches Erbe

Ähnlich wie in Südtirol – es wurde ebenfalls jahrhundertelang vom österreichischen Einfluß geformt – kennt das Friaul zwar geographisch definierte Anbaugebiete, innerhalb dieser aber werden die Qualitätsweinbezeichnungen durch den Rebsortennamen ergänzt. Während im restlichen Italien geo-

Zahlen und Fakten zu Italien und dem Friaul

Italien behauptet trotz des Aufschwungs der Überseeländer zusammen mit Frankreich seine Führung im Weltweinbau. In den Jahren zwischen 1994 und 1996 lag das Land mit etwas mehr als 900.000 Hektar Rebfläche hinter Spanien (1,22 Millionen Hektar) an zweiter Stelle, produzierte aber mit 58 Millionen Hektolitern pro Jahr im Schnitt den meisten Wein, gefolgt von Frankreich mit 56 Millionen. Auch beim Pro-Kopf-Konsum (knapp 60 Liter im Jahr) liegen die beiden – zusammen mit Portugal – unangefochten an der Spitze, mit deutlichem Abstand gefolgt von Luxemburg, Argentinien, der Schweiz, Slowenien, Spanien und Österreich (Deutschland knapp 25 Liter).
Mit knapp 19.500 Hektar besitzt das Friaul nur etwa zwei Prozent der gesamten italienischen Weinbergsfläche, im Unterschied zu anderen Regionen sind allerdings mehr als zwei Drittel dieser Fläche – Tendenz seit Anfang der neunziger Jahre steigend – für die Produktion von DOC-(Qualitäts-)Weinen zugelassen (Piemont 63 Prozent, Toskana 44 Prozent, Sizilien 15 Prozent). Das Friaul nimmt damit bei der Produktion von DOC-Weinen einen soliden Mittelplatz ein, obwohl seine Gesamtrebfläche relativ klein ist, und steht damit, je nach Jahrgang, an sechster bis achter Stelle hinter den Giganten Venetien, Piemont und Toskana.
In den Provinzen Gorizia, Pordenone, Udine und Trieste werden im Schnitt 1,6 bis 1,7 Millionen Doppelzentner Trauben produziert, die etwas mehr als eine Million Hektoliter Wein ergeben. Größte Weinbauprovinz ist Pordenone mit über einer halben Million Hektoliter, gefolgt von Udine, Gorizia und Trieste, wo man insgesamt nur wenig mehr als 12.000 Hektoliter keltert, was andernorts gerade für die Produktion einer mittleren Kellerei ausreicht.

graphische Herkunftsbezeichnungen meist für sich stehen und keinen Hinweis auf die verwendeten Sorten geben – Barolo ist ein Anbaugebiet, dessen Weine aus der Nebbiolo-Traube gekeltert werden, Chianti, Brunello oder Nobile di Montepulciano entstehen hauptsächlich aus Sangiovese, Valpolicella aus Corvina und Franciacorta aus Chardonnay und Burgundersorten –, so heißen die Weine hier Grave Chardonnay oder Colli Orientali Merlot.

Um den Weinbau des Friaul zu erkunden, muß man sich deshalb in zwei Richtungen orientieren. Zum einen gibt es neun DOC- und drei Igt-Gebiete, wobei DOC für kontrollierte Herkunftsbezeichnungen von Qualitätsweinen und Igt für "vini da tavola con indicazione geografica", für Tafelweine mit bestimmtem Anbaugebiet stehen. Zum anderen wird im Friaul eine wahre Phalanx von Rebsorten kultiviert, die in Verbindung mit einem der DOC-Namen eigenständige Produktionsstatuten besitzen. Gerade die Mischung aus internationalen und einheimischen Sorten macht das Friaul zu einer so ungemein interessanten Weinlandschaft, wobei das größte Potential für die Zukunft vielleicht in den zahlreichen einheimischen Sorten schlummert.

Grave-Schotter

Zum Anbaugebiet Grave del Friuli gehört fast ein Drittel der regionalen Weinbaufläche, etwa 6.000 Hektar, aber aus seinen hochproduktiven Anlagen stammen etwa zwei Drittel der Weinproduktion. Das DOC-Gebiet bedeckt fast den gesamten West- und Mittelteil des Friaul, eine schier endlose Ebene, die vom Grenzfluß zu Venetien, dem Livenza, über Tagliamento und Judrio bis an die Hügelketten der Colli Orientali im Osten und das Alpenvorland im Norden reicht.

Auch wenn die Bezeichnung Grave sich wie beim französischen Namensvetter, dem Graves-Gebiet bei Bordeaux, von den vorherrschenden kies- und geröllhaltigen Schwemmlandböden ableitet, so enden die Gemeinsamkeiten auch schon wieder an diesem Punkt. Speziell die relativ hohe Produktivität der Graves-Weinflächen unterscheidet den Weinbau in diesem Teil des Friaul deutlich von seinem weitaus berühmteren Pendant.

Vor allem der südliche und der westlichste Teil des Gebiets mit ihren fetten, lehmhaltigen Böden eignen sich fast nur für industriell betriebenen Weinbau und die Produktions einfachster Qualitäten. Besser sieht es in den trockeneren Landstrichen aus, in denen die Niederschläge gelegentlich so niedrig sind, daß sogar bewässert werden muß. Auf den kargen und steinigen, rötlichen Böden der Hügel des moränischen Amphitheaters, das von der letzten Eiszeit westlich des

Die Weine Rosazzos am Südrand der Colli Orientali genießen Schutz vor den kalten Nordwinden und den mild wärmenden Einfluß der nahen Adria.

Tagliamento-Tals aufgetürmt wurde, wie auch auf den Schotterablagerungen des Tagliamento selbst wachsen die besten Grave-Weine.

Im Grave-Gebiet werden vor allem Merlot und Tocai friulano, aber auch Pinot grigio kultiviert, wobei die bis noch vor ein oder zwei Jahrzehnten eher kläglichen Merlot-Weine für den schlechten Ruf der Sorte im Friaul insgesamt sorgten, der erst in den letzten Jahren durch die Leistungen talentierter Winzer in Collio und Colli Orientali aufgebessert werden konnte. Der Gerechtigkeit halber muß man allerdings auch feststellen, daß es seit gut einem Jahrzehnt sehr schöne Grave-Gewächse gibt, die zumeist aus Chardonnay, Sauvignon oder Cabernet gekeltert werden. Weingüter und Kellereien wie Vigneti Le Monde, Plozner, Le Fredis und Teresa Raiz haben sich mit solchen, preislich oft recht günstigen Weinen inzwischen eine solide Reputation zimmern können.

Die östlichen Hügel

Colli Orientali, östliche Hügel, heißt das Weinbaugebiet, das sich mit seinen gut 2.300 Hektar Rebfläche wie ein eckiger Boomerang um Udine legt, und das, obwohl es eigentlich der nordwestlichere Teil jener friaulischen Weinhügel ist, dessen südöstliche Hälfte unter dem Namen Collio firmiert. Mit dem Collio teilen die Colli Orientali über weite Strecken dieselben Böden, und auch klimatisch gesehen unterscheiden sich die Weinbaunachbarn nur durch mehr oder weniger ausgeprägte Nuancen.

"Flysch von Cormòns" nennt man die steinigen, mageren, oft terrassierten Böden aus Mergel, Moränenschotter und Sandsteinschichten, die im Eozän durch Meeresablagerungen und während der Eiszeiten durch Gletscherablagerungen gebildet wurden, und nur von einer dünnen Humusschicht bedeckt sind. Reich an Kalk und arm an Stickstoff, bilden sie in den besten Lagen der Colli Orientali wie im Collio die Grundlage für absolute Spitzenweine, während die Ebenen mit ihren sand- und lehmhaltigen Kiesböden für die einfacheren Tropfen des Gebiets zuständig sind.

Grob gesagt, kann man die Colli Orientali in drei Zonen aufteilen: die drei Hügelgruppen von Buttrio, Rosazzo und Bosco Romagno, das Gebiet um Cividale, zwischen Spessa im Süden, Cialla im Osten und Torreano im Norden, und schließlich die Süßweinenklave um Nimis, Ramandolo und Tarcento am Rand der Voralpen, wo die Verduzzo- und Picolit-Trauben ohne jegliches Risiko eines Fäulnisbefalls ungemein hohe Reifegrade und Zuckerkonzentrationen erreichen können. Zwischen den nach Süden ausgerichteten Hängen von Rosazzo, das seit einigen Jahren als eigenständiger DOC-Bereich gilt, und den nördlichen Hügeln, die wegen ihrer Alpennähe die größten Tag-Nacht-Temperaturschwankungen genießen, bestehen gewisse klimatische Unterschiede, die sich auch in den Weinstilen ausdrücken.

Während die südlichen Hügel vor allem mit dichten, kräftigen Rotweinen und charaktervollem Chardonnay aufwarten, eignen sich die nördlicheren Lagen eher für aromabetonte und finessenreiche Weiße. Neben den Renommiersorten des internationalen Weinbaus wie Cabernet, Merlot, Chardonnay und Sauvignon besitzen die Colli Orientali aber auch einen ungemein interessanten Restbestand oft sehr alter, ertragsschwacher einheimischer Rebsor-

DOC- und Igt-Weine

(Produktionsmengen 1996)

Carso (35 ha / 2.540 hl) mit den Weintypen Chardonnay, Malvasia, Pinot grigio, Sauvignon, Traminer, Vitovska, Rosso, Cabernet franc, Cabernet Sauvignon, Merlot, Refosco, Terrano.

Colli Orientali del Friuli (COF) (2.300 ha / 92.963 hl) mit den Weintypen Chardonnay, Malvasia istriana, Picolit, Pinot bianco, Pinot grigio, Ribolla gialla, Riesling renano, Sauvignon, Tocai friulano, Traminer aromatico, Verduzzo friulano, Cabernet *, Cabernet franc, Cabernet Sauvignon, Merlot, Pignolo, Pinot nero, Refosco, Schioppettino, Tazzelenghe, Bianco, Rosso, Rosato.

Eigenständige Bereiche: Ramandolo (Verduzzo friulano), Cialla (5 Sorten, Bianco, Rosso), Rosazzo (3 Sorten, Bianco, Rosso), für Ronchi di Buttrio ist dieser Status beantragt.

Collio (Collio Goriziano) (1.400 ha / 74.997 hl) mit den Weintypen Chardonnay, Malvasia istriana, Müller-Thurgau, Picolit, Pinot bianco, Pinot grigio, Ribolla gialla, Riesling italico, Riesling renano, Sauvignon, Tocai friulano, Traminer aromatico, Cabernet *, Cabernet franc, Cabernet Sauvignon, Merlot, Pinot nero, Bianco, Rosso.

Friuli-Annia (2.217 hl) mit den Weintypen Tocai friulano, Pinot bianco, Verduzzo friulano, Sauvignon, Chardonnay, Malvasia istriana, Merlot, Cabernet franc, Cabernet Sauvignon, Refosco dal Peduncolo rosso, Bianco, Rosso, Rosato, Spumante.

Friuli-Aquileia (620 ha / 41.635 hl) mit den Weintypen Tocai friulano, Pinot bianco, Pinot grigio, Riesling, Sauvignon, Traminer aromatico, Verduzzo friulano, Chardonnay, Merlot, Cabernet *, Cabernet franc, Cabernet Sauvignon, Refosco, Rosato.

Friuli Grave (6.000 ha / 382.990 hl) mit den Weintypen Chardonnay, Pinot bianco, Pinot grigio, Riesling, Sauvignon, Tocai friulano, Traminer aromatico, Verduzzo friulano, Cabernet *, Cabernet franc, Cabernet Sauvignon, Merlot, Pinot nero, Refosco dal Peduncolo rosso, Bianco, Rosso, Rosato, Spumante.

Friuli Isonzo (1.000 ha / 69.080 hl) mit den Weintypen Verduzzo friulano, Moscato giallo, Moscato rosa, Tocai friulano, Malvasia istriana, Chardonnay, Pinot bianco, Pinot grigio, Riesling italico, Riesling, Sauvignon, Traminer aromatico, Merlot, Cabernet*, Franconia, Pinot nero, Refosco dal Peduncolo rosso, Schioppettino, Bianco, Rosso, Rosato, Pinot spumante, Vendemmia Tardiva.

ten wie Schioppettino, Tocai, Pignolo oder Refosco, und eine ganze Reihe von Winzern hat gezeigt, daß aus den einst geringgeschätzten Trauben großartige und international konkurrenzfähige Weine gekeltert werden können. Daß dabei auch wirtschaftliche Opfer gebracht werden, zeigt das Beispiel Enzo Pontonis in Buttrio, der aus seinen fast zwölf Hektar Weinbergen knappe 11.000 oder 12.000 Flaschen Wein keltert – eine Menge, die man normalerweise auf höchstens einem oder zwei Hektar erzielt.

Binationales Zwillingspaar

Das drittgrößte, aber wahrscheinlich renommierteste DOC-Gebiet des Friaul liegt in dessen östlichster Ecke, direkt an der Grenze zu Slowenien. "Collio" heißt nichts anderes als Hügel, und die slowenische Fortsetzung dieses Weinbaugebiets, Brda, trägt den gleichen Namen. Etwa 1.400 Hektar sind hier mit Reben bestockt und ziehen sich von Dolegna im Nordwesten über die Städtchen Cormòns und Capriva bis nach Gorizia, mit einer kleinen Enklave mitten im Isonzo-Gebiet, dem Monte Fortin.

Geologisch gesehen, ist das Collio identisch mit den Colli Orientali, aber zwischen den beiden Gebieten bestehen gewisse klimatische Unterschiede. Weder öffnet sich der Süden des Collio direkt zum Meer, noch liegen seine nördlicheren Hänge in den Luftströmungen zwischen Alpen und Adria. Der entscheidende Unterschied zwischen beiden DOC-Gebieten ist jedoch historischer Natur: An ihrer Grenzlinie, dem Fluß Judrio, stießen über Jahrhunderte das österreichische und das venezianische Reich aufeinander. Noch heute ist deshalb das Collio-Gebiet viel mehr nach Osten, nach Slowenien hin orientiert, und einige Winzer besaßen und bewirtschafteten selbst in den Zeiten des Kalten Kriegs Weinbergsflächen jenseits der Grenze.

Die kräftigsten, ausgeglichensten Weißen und Roten des Collio wachsen auf den leicht geneigten Hanglagen entlang der Nationalstraße zwischen Cormòns und Gorizia, während die dahinterliegenden, bis zu 270 Meter hohen Hügel mit ihrem kalkhaltigen Flysch jene finessenreichen, fruchtigen und zugleich komplexen Weißweine hervorbringen, die den Ruf des Collio und damit den des Friaul insgesamt begründet haben. Der östlichste Teil der Hügel schließlich, die Hänge im Einzugsbereich von Gorizia, sind durch ihre feststrukturierten, alterungsfähigen Weißweine bekannt geworden, mit denen vor allem die Winzergruppe um Josko Gravner seit Ende der achtziger Jahre in Erscheinung trat.

Isonzo und Carso

Südlich des Collio erstreckt sich das Anbaugebiet Isonzo im Einzugsgebiet des gleichnamigen Flusses, der im slowenischen Trentatal entspringt und zwischen Gorizia und der Adriamündung bei Monfalcone durch italienisches Territorium fließt. Das weitgehend flache Land mit seinen vor allem im Südteil schweren, kalkhaltigen Böden wurde lange Zeit unterschätzt, was die Qualität seiner Weine betrifft.

Süffig, aber doch recht einfach waren diese nämlich meist auch noch zu einem Zeitpunkt, als sich die ersten Starwinzer des benachbarten Collio schon längst internationales Anse-

Friuli Latisana (300 ha / 12.882 hl) mit den Weintypen Pinot bianco, Pinot grigio, Verduzzo friulano, Tocai friulano, Riesling, Sauvignon, Traminer aromatico, Chardonnay, Malvasia istriana, Merlot, Cabernet*, Cabernet franc, Cabernet Sauvignon, Refosco dal Peduncolo rosso, Franconia, Pinot nero, Rosato, Spumante.

Lison-Pramaggiore - gemeinsames DOC-Gebiet mit Venetien, wo der größere Teil der Weinbergsflächen liegt.

Igt-Weine (Tafelweine mit geographischer Herkunftsbezeichnung)

Alto Livenza (mit Venetien)
Delle Venezie (mit Venetien)
Venezia Giulia (alle DOC-Sorten und Verschnitte des Friaul, zuzüglich: Novello, Prosecco, Forgiarin und Incrocio Manzoni 6.0.13)

** Wenn neben Cabernet franc und Cabernet Sauvignon Cabernet gesondert aufgeführt ist, ist der Wein aus einer der beiden oder als Verschnitt gekeltert.*

hen erworben hatten. Gerade der Nordteil des Isonzo-Gebiets jedoch, wo Sand- und Kiesböden vorherrschen, bringt seit geraumer Zeit sehr gehaltvolle weiße und rote Gewächse hervor, die in den Kellern einzelner Winzern wie den Gallos oder den Pecoraris durchaus mit denen der besten Betriebe aus Collio und Colli Orientali mithalten können.

Direkt an die südwestliche Flanke des Isonzo-Gebiets schließt die zweite Friauler DOC-Zone an, die ein Pendant im benachbarten Slowenien hat, das Carso. Das Wort Carso – auf deutsch Karst – ist keltischen Ursprungs und bezeichnet das kalkhaltige, zerklüftete Felsland, das für den gesamten Höhenzug östlich und nordöstlich der Hafenstadt Triest so charakteristisch ist. Hier beherrschen die einheimischen Sorten

Brazzano liegt an der Grenze zwischen Colli Orientali und Collio. Im „Borgo del Tiglio“ macht Nicola Manferrari hervorragende Weiß- und Rotweine.

Malvasia und Terrano (Refosco) das Bild, und das Klima ist mit seinen abrupten Wechseln zwischen milden und eiskalten Temperaturen, Auswirkungen der Bora, des kalten Ostwinds aus den ungarischen Steppen, mindestens ebenso rauh wie die Landschaft.

Der Terrano, alias Refosco nostrano (del Carso), ist das getreue Ebenbild der Landschaft und des hier herrschenden Klimas – ungezähmt und von harten, in der Jugend untrinkbaren Tanninen dominiert, die nur geübten Gaumen zuzumuten sind. Es bedurfte des ganzen Talents der besten Winzer der Gegend, um aus ihm in den letzten Jahren einen wein zu machen, der auch für Gaumen zugänglich ist, die vom internationalen Stil verwöhnt sind.

Frische Strandweine

Das exakte Gegenteil der wilden Gewächse des Karst sind die Weine der drei Friauler Anbaugebiete, die in unmittelbarer Küstennähe zwischen dem anmutigen Hafenstädtchen Grado und der Grenze zu Venetien aufgereiht liegen – Aquileia, Annia und Latisana. Das östlichste der drei, Aquileia, leitet seinen Namen von der alten römischen Garnisons- und Provinzhauptstadt ab, die auch nach dem Ende der Römerherrschaft unter dem Patriarchat noch lange Jahrhundert Zentrum der Region war, von der aber heute nur noch eine Handvoll Ausgrabungsstätten entlang der schnurgeraden Straße nach Grado Zeugnis ablegt.

Auf den tiefen, fruchtbaren Böden der Küstenebene wachsen leichte Weine, die meist jung zu trinken sind und ideale Begleiter zu einem guten Fischmahl in einem der Restaurants Grados abgeben. Die besten Gewächse des Gebiets – süffig und duftig sollten sie auf jeden Fall sein, auch wenn sie selten Muster an Komplexität und Kraft sind – stammen von den etwas kalkhaltigeren Böden, wobei die Rebfelder sogar auf Flächen zu finden sind, die dem Meer durch Landgewinnungsmaßnahmen abgerungen werden mußten.

Vom Anbaugebiet Friuli Annia ist nicht viel zu berichten, außer, daß es seine Existenz einer politischen Geste des Gesetzgebers gegenüber einer der größten privaten Weinkellereien Italiens verdankt. Weiter westlich schließt das Latisana-Gebiet den Friauler Weinreigen ab. Auch hier wachsen die Trauben auf großen Rebfeldern, die sich entlang des Unterlaufs des Tagliamento von der Lagune bis nach Varmo im Norden ziehen. Süffige Rotweine können hier gekeltert werden, vor allem dort, wo die tiefgründigen, lehmhaltigen Böden reich an Mineralien sind. Große Gewächse sollte man hier allerdings genauso wenig erwarten wie bei den Nachbarn Annia oder Aquileia.

Italienisches Weinglossar

Annata – Jahrgang
Azienda agricola, Azienda Vitivinicola – Weingut
Barrique – Eichenholzfaß mit etwa 225 l Fassungsvermögen
Bianco – Weißwein
Bottiglia – Flasche
Cantina – Weinkeller
Cantina sociale – Winzergenossenschaft
Castello – Schloß
D.O.C. (Denominazione di Origine Controllata) – kontrollierte Herkunftsbezeichnung
D.O.C.G. (Denominazione di Origine Controllata e Garantita) – höchste Stufe der Herkunftsbezeichnungen
Enoteca – Weingeschäft, Ausschank
Frizzante – Perlwein
Igt – Tafelwein mit Herkunftsangabe
Imbottigliato da – abgefüllt durch
Invecchiato – gereift
Prodotto da – produziert durch
Riserva – Wein mit längerer Faßreife als bei der entsprechenden Normalversion
Ronco – Hügel
Rosato – Rosé
Rosso – Rotwein
Spumante – Schaumwein
VdT (Vino da Tavola) – Tafelwein
Vendemmia – Weinlese
Viticultore – Winzer
Vitigno – Rebsorte

Eigentlich wäre die Liste der Friauler Anbaugebiete damit erschöpft, gäbe es nicht noch, ganz im Westen der Region, eine Weinbaugegend, deren Produkte unter der DOC-Bezeichnung Lison-Pramaggiore firmieren. Da diese aber zum größten Teil zum benachbarten Venetien gehört und ihre Weine denen des Grave-Gebiets zum Verwechseln ähnlich sind, darf man sie an dieser Stelle ruhig übergehen.

Internationale Sorten

In keiner anderen Weinbauregion Italiens haben sich in den letzten hundert Jahren die sogenannten internationalen Sorten wie Chardonnay, Merlot, Cabernet oder Sauvignon so weitgehend durchgesetzt wie im Friaul. Fast sollte man nicht mehr von internationalen oder französischen, sondern schon von einheimischen Sorten sprechen, denn die meisten von ihnen wurden hier – im Unterschied zum restlichen Italien – schon gleich nach der Reblauskatastrophe ausgepflanzt. Vor diesem tiefgreifenden Einschnitt waren in der Friauler Weinwirtschaft immerhin noch 217 einheimische und 139 importierte Sorten wirtschaftlich genutzt worden, danach reduzierte sich dieses unglaubliche Spektrum auf knappe zwei Dutzend.

Die Sortenvielfalt war das historische Resultat der kulturellen Einflüsse, die Friaul über die Jahrhunderte erlebte, und seiner Grenzsituation zwischen den Kulturräumen Mittel- und Südeuropas sowie des Balkans. Der Weinbau der unmittelbaren Nachkriegsjahrzehnte war dagegen nicht mehr von Vielfalt und auch – sieht man einmal vom weißen Tocai friulano ab – nicht von autochthonen, italienischen Sorten geprägt, wie dies in der Toskana oder im Piemont der Fall war, sondern vor allem von einer der Hauptsorten des Bordeaux-Gebietes, dem Merlot.

Aber was für ein Merlot war das! Auf meist ungeeigneten, kühlen und schweren Böden ausgepflanzt und zu Ertragshöchstleistungen getrieben, die seine eigentlichen Qualitäten kaum zum Vorschein bringen konnten, war er im besten Falle für einfache Alltagsweine gut, die zumeist als Ausschankware in der Region selbst getrunken wurden.

Dieses Bild wandelte sich erst, als in den siebziger Jahren eine kleine Anzahl vorausschauender Winzer und Weinmacher damit begann, Weinbergsarbeit und Kellertechnik radikal umzustellen. Statt auf dünne, meist schon beim Verlassen des Weinguts oxidierte Tropfen setzten sie auf moderne, unter kontrollierten Bedingungen im Stahltank vergorene Weißweine, deren Namen sich wie ein Gotha des internationalen Weinbaus lasen – vor allem Chardonnay und Sauvignon blanc bewiesen dabei, daß sie auf den Hängen der Friauler Hügel durchaus international konkurrenzfähige, aromatische und geschmacksintensive Produkte hervorbringen konnten.

Vinologische Schwergewichte

In einem nächsten Schritt versuchte man sich bei denselben Rebsorten auch an schwergewichtigeren Weinstilen. Man begann damit, vor allem den Chardonnay im kleinen Holzfäßchen, dem Barrique, zu vergären, und schon Ende der achtziger Jahre erzielten Weingüter wie das berühmte Ronco del Gnemiz damit Resultate, die die italienische Weinkritik aufhorchen ließen.

Etiketten-Kunde

1 Herkunftsland
2 DOC-Bezeichnung
3 Erzeuger / Weingut
4 Erzeuger-/Abfülleradresse
5 Rebsorte
6 Jahrgang
7 Qualitätsstufe
8 Alkoholgehalt
9 Nennvolumen (e = EU-Norm)
10 Erzeugerabfüllung

Seit Anfang der achtziger Jahre startete man parallel zu dieser Entwicklung auch die ersten Versuche, die Rotweine der Region dem modernen Verbrauchergeschmack anzupassen. Im Mittelpunkt der Anstrengungen stand vor allem der Cabernet, sei es in der Variante des Cabernet Sauvignon, sei es in der des Cabernet franc. Auf der Abbazia di Rosazzo, einem Kloster des Bistums Udine, dessen Weinberge zu jener Zeit von den Familien Zamò und Palazzolo genutzt wurden, brachte man bereits 1981 den Tafelwein Ronco dei Roseti heraus, in dessen Zusammensetzung neben den typischen Bordeaux-Sorten Cabernet Sauvignon, Cabernet franc und Merlot auch die „Einheimischen" Refosco und Tazzelenghe eingingen.

Nur ein Jahr später folgte der Cabernet-Merlot-Verschnitt Montsclapade von Girolamo Dorigo, der in kürzester Zeit zum Modellwein für viele andere Friauler Gewächse werden sollte. Mit den Erfahrungen, die die Winzer bei der Produktion solcher Weine gewannen, gingen viele von ihnen in den neunziger Jahren endlich auch daran, dem vielgeschmähten Merlot wieder zu seinem Recht zu verhelfen. Livio Felluga mit seinem Sossò, Enzo Pontoni auf dem Weingut Miani, Princic, Specogna, Pecorari und schließlich Villa Russiz mit einem (fast) alles überragenden Wein namens Graf de la Tour zeigten, daß die einstige Friauler Massensorte auch hier zu Höchstleistungen fähig war, die sich selbst auf dem internationalen Parkett sehen lassen konnten.

Ribolla, Refosco und Co.

Obwohl all diese Rebsorten schon seit vielen Jahrzehnten im Friaul heimisch waren, ist die Bezeichnung "internationale Sorten" immer noch angebracht, denn sie stammten ja nicht nur ursprünglich aus Frankreich, sondern wurden erst zu einem Zeitpunkt in Italien modern, als Kalifornien schon lange mit ihnen Erfolg gehabt hatte. Vor allem aber gaben sie dem Weinbau der Region endlich seine internationale Statur, die er von seinem Potential her mindestens ebensosehr verdiente wie die weitaus bekannteren italienischen Renommierregionen.

Einheimische Sorten, die in immer weniger, oft überalterten Rebanlagen schon die längste Zeit nur notdürftig überlebt hatten, verloren gegenüber diesem Erfolg immer mehr an Boden. Schwierig zu kultivieren, anspruchsvoll in bezug auf Böden und Lagen, niedrig im Ertrag und anfällig gegenüber Krankheiten, wurden sie so unpopulär, daß ein Winzer nach dem anderen den Anbau von Ribolla, Refosco, Pignolo und Co. aufgab. Während wenigstens der Tocai friulano als ausgesprochener Massenträger überlebte, verschwanden vor allem die alten roten Sorten bis auf wenige, meist noch vernachlässigte Anlagen und Weinbergsparzellen aus dem Friauler Weinbaupanorama.

Nur wenige Weinbauern stemmten sich gegen diese Entwicklung. Zu den ersten, die sich mit der Produktion modern gestylter, weißer Rebsortenweine nicht mehr zufriedengeben wollten, gehörten Dina und Paolo Rapuzzi aus Cialla bei Cividale. Gegen Ende der siebziger Jahre bereits hatten die beiden begonnen, sich vermehrt ihren alten Refosco- und Schioppettiono-Stöcken zu widmen, und bauten deren Weine lange vor den meisten der heute viel berühmteren italienischen Kollegen im Barrique aus.

Das Terroir prägt

Girolamo Dorigo, der sich schon mit dem Montsclapade einen hervorragenden Ruf verschafft hatte, setzte auf die Pignolo-Traube, aus der er einen kräftigen, vielschichtigen

Das wunderschöne Wohnhaus des Weinguts Dorigo.

und langlebigen Wein kelterte. Nach zögerlichen Anfängen geht die Tendenz heute bei einer ganzen Reihe von Winzern wieder in Richtung einheimische Rebsorten. Auch auf dem Gebiet der Weißweine glaubt manch einer inzwischen, erkannt zu haben, daß der Trend sich längerfristig gesehen wieder von den internationalen Namen weg, hin zu lokaltypischeren Produkten orientierten könnte.

Nachdem für das Collio-Gebiet vor einigen Jahren das Produktionsstatut eines "Bianco", eines Weißweins ohne Sortenbezeichnung, der meist aus verschiedenen Sorten verschnitten wird, verabschiedet wurde, trat plötzlich eine ganze Reihe von Weinen auf den Plan, deren Winzer ihr Heil nicht mehr in austauschbaren internationalen Namen suchten. Statt dessen wurden Ribolla, Tocai und Malvasia zum Gegenstand verstärkter Anstrengungen, mit dem Ziel, Weine zu machen, die einen unverwechselbaren regionalen Charakter tragen, Ausdruck ihres spezifischen Terroirs werden sollten.

Der Tocai friulano, der in Italien immerhin eine Rebfläche von fast 7.000 Hektar belegt, ist unbestritten die wichtigste dieser einheimischen weißen Sorten. Tocai bedeutet im slawischen Sprachraum soviel wie "hier", aber die Sorte ist ungeachtet ihres Namens inzwischen selbst im fernen Südamerika verbreitet. Mit dem Tokajer aus Ungarn hat sie genausowenig zu tun wie mit dem elsässischen Tokay d'Alsace, dessen Name ein Synonym für den Ruländer oder Grauburgunder (Pinot grigio) ist. Es gibt auch keine genetischen Gemeinsamkeiten mit dem Furmint, der Hauptsorte des Tokajers, obwohl Theorien behaupten, der Furmint sei einst von einem Conte Formentini aus dem Friaul nach Ungarn eingeführt worden.

Ungarische Verwirrung

Die Ungarn haben jedenfalls im Bemühen, ihren Namen Tokajer zu schützen, den Italienern ein ausgewachsenes Problem beschert, denn das Abkommen, das sie mit der Europäischen Union schlossen, verbietet den Gebrauch des Sortennamens Tocai friulano vom Jahre 2006 an. Ein Ersatzname ist bislang noch nicht in Sicht.

Während der Tocai, der im Flachland und mit ausreichender Bewässerung bis zu 200 Hektoliter Wein pro Hektar hervorbringen kann, seine Eignung zur charaktervollen Sorte noch unter Beweis stellen muß, zeigen die anderen einheimischen Sorten ein wesentlich ausgeprägteres Profil. Stellvertretend seien zwei von ihnen genannt: die Ribolla mit ihrer zitronenartigen Säure und der Picolit, die Renommiersorte der Region, deren Süßweine schon im 18. Jahrhundert in alle Welt exportiert wurden.

Wirkliche Eignung für Spitzenweine besitzen aber vor allem die roten Friauler Reben, der uralte Refosco dal Peduncolo Rosso zum Beispiel, der Refosco mit dem roten Stiel, der angeblich bereits die Lieblingssorte der zweiten Frau des Imperators Augustus war, der Pignolo, dessen Name soviel wie "geizig" bedeutet, was ihn als nicht sehr ertragskräftig ausweist, und schließlich der Schioppettino – immerhin schon 1282 zum ersten Male schriftlich erwähnt –, und der mit wunderschönen Kirscharomen aufwarten kann, wenn er richtig behandelt wird.

Zusammen mit dem Verduzzo friulano und der Malvasia istriana dürften die genannten die zukunftsträchtigsten der einheimischen Friauler Sorten sein. All die anderen Namen, deren Spuren sich im einen oder anderen Weinberg in Form

Rebsorten Italiens und des Friaul

Mit Ausnahme der bekannten Sorten Sangiovese und Barbera wird das Sortenpanorama Italiens mengenmäßig von Namen beherrscht, die selbst im eigenen Lande eher unbekannt sind. Spitzenreiter ist der Trebbiano mit 8 Unterarten (>90.000 ha), gefolgt vom erwähnten Sangiovese (86.000 ha), von Cataratto (75.000 ha), Barbera (47.000 ha), der weißen Malvasia mit 9 Unterarten (41.000 ha) und der Monica (31.000 ha). Geradezu bescheiden nehmen sich dagegen die Flächen aus, die mit den erst in jüngsten Jahren wiederentdeckten einheimischen Friauler Sorten bestockt sind: Picolit (200 ha), Pignolo (30 ha), Ribolla gialla (180 ha) und Schioppettino (50 ha). Nur der Welschriesling (2.300 ha), der Tocai friulano (6.800 ha) und der Verduzzo friulano (1.800 ha) bringen es auf eine wirtschaftlich nennenswerte Größenordnung.
Die Gesamtfläche der Region ist heute zu jeweils der Hälfte mit weißen und roten Sorten bestockt, wobei die roten Sorten noch vor fünfzehn oder zwanzig Jahren eindeutig das Übergewicht hatten.

Die wichtigsten authochthonen Sorten des Friaul

Ribolla gialla – Die seit dem 12. Jahrhundert im Friaul bekannte, griechische Sorte Robola stammt von der Insel Kephallenia im Ionischen Meer und ist in Slowenien als Rebula bekannt. Die hohe, zitrusartige Säure der Weine kann störend wirken, wenn die Erträge zu hoch und die Weine zu dünn geraten. Wird vor allem in den Colli Orientali und im Collio kultiviert.
Tocai friulano – Am meisten verbreitete weiße Sorte des Friaul, verwandt mit Tocai italico und Tocai rosso, wird auch in Argentinien, Chile und der Ukraine kultiviert, wo sie gelegentlich auch als Sauvignonasse (grüner Sauvignon) bezeichnet wird. Die Sorte kann extrem produktiv sein und erzielt im Flachland und bei Bewässerung bis zu 200 Hektoliter pro Hektar. Tocai ist deshalb oft als Massenwein verschrien und wurde wegen dieses Negativ-Images häufig durch Burgundersorten ersetzt.
Refosco – Von dieser Sorte gibt es mehrere Varianten, die beste ist der Refosco dal Peduncolo Rosso (Refosco mit dem roten Stiel), der schon vom römischen Schriftsteller Plinius dem Älteren erwähnt wurde. Er ist wahrscheinlich mit der Mondeuse noire (F, Savoyen) und der Cagnina (I, Romagna) verwandt und wurde schon zur Zeit der byzantinischen Herrschaft im Friaul eingeführt. In der Provinz Trieste wird eine Variante mit dem Namen Refosco nostrano oder del Carso, kurz Terrano genannt, kultiviert.
Pignolo – Alte Friauler Sorte, die schon im 17. Jahrhundert erwähnt wird. Ihre Heimat sind die Hügel von Rosazzo. Ist erst seit 1978 von der EU wieder offiziell für die Provinz Udine zugelassen worden. Der Pignolo bringt Weine von dichter Farbe hervor, die durch Barrique-Ausbau an Qualität gewinnen.
Schioppettino – Der Name stammt von schioppettare (knallen, prasseln) ab, was sich wohl auf die Tendenz zu lautstarkem Nachgären bezieht. Der Ursprung der Sorte – früher auch Ribolla nera genannt – liegt in den östlichen Colli Orientali, wo sie schon 1282 erwähnt wurde. War während der Reblaus fast verschwunden. Ihre Weine zeigen dichte Farbe, mittleren Körper und gewisse Alterungsfähigkeit.

Malvasia istriana – Die Malvasia ist griechischen Ursprungs – der Name stammt von der Hafenstadt Monemvasia - und zusammen mit dem Muskateller eine der ältesten Kulturtrauben. Es gibt zahlreiche Varianten, darunter auch rote Sorten. Die Weine sind würzig und üppig.
Picolit – Die Süßweine dieser wahrscheinlich einheimischen, schon zu Römerzeiten bekannten Sorte wurden bereits im 18. Jahrhundert exportiert. Ihr Name stammt von "piccolo" und bezieht sich wie beim Pignolo auf die geringen Ertragsmengen. Picolit-Weine passen meist besser zu Käse als zum Dessert.
Verduzzo friulano – Die Sorte ist seit dem Mittelalter bekannt und kommt im Friaul und Veneto vor. Die Weine werden trocken und süß ausgebaut und können sehr dicht geraten. Ihre besten Süßweine kommen aus der Gegend von Ramandolo, wo die Rebe bis auf 370 Meter Höhe wächst.
Tazzelenghe – Ergibt säure- und farbintensive Rotweine, von daher der Name "Zungenschneider". Die Weine waren früher in der Jugend meist untrinkbar, sind aber durch moderne Vinifizierung und Barriqueausbau zugänglicher geworden.

Andere Sorten, die im Friaul kultiviert werden: Ancellotta, Cabernet franc, Cabernet Sauvignon, Chardonnay, Franconia, Gamay, Garganega, Lambrusco Maestri, Malbec, Malvasia Lunga del Chianti, Marzemino, Merlot, Moscato giallo, Moscato Rosa, Müller-Thurgau, Piccola Nera, Pinot bianco, Pinot grigio, Pinot noir, Prosecco, Raboso Piave, Raboso Veronese, Riesling (renano), Riesling italico, Sauvignon, Sémillon, Sylvaner verde, Traminer aromatico.

alter, isolierter Stöcke erhalten haben, etwa die Ancellotta, Tazzelenghe, Raboso, Piccola Nera oder Marzemino, werden wohl nur wenig Chancen haben, jemals wirkliche Bedeutung zu erlangen.

Der Widerspenstigen Zähmung

Der Erfolg der Weine aus einheimischen Sorten ist vor allem der Tatsache zu verdanken, daß die moderne Weinbergs- und Kellertechnik das Antlitz der Friauler Weinwirtschaft in den letzten beiden Jahrzehnten radikal verändert hat. Die Einführung eines kontrollierten Säureabbaus hat bei Schioppettino und Tazzelenghe ebenso Wunder gewirkt wie der Ausbau von Chardonnay und Merlot im kleinen Fäßchen aus neuem Holz oder die immer mehr verfeinerte Dosierung der Verschnittanteile bei einigen der großen, modernen Weiß- und Rotweine wie beispielsweise beim weißen Breg des berühmten Josko Gravner oder beim roten Ronco dei Roseti der Familie Zamò.

Die Einführung der temperaturkontrollierten Gärung hatte zum Ergebnis, daß die Weine heutzutage nicht mehr plump und oxidiert geraten, sondern komplex, finessenreich und in einigen Fällen sogar recht alterungsfähig. Das Weingut Ronco del Gnemiz bewies beispielsweise ausgerechnet mit der in

Deutschland umstrittenen Sorte Müller-Thurgau schon Ende der achtziger Jahre, daß man im Friaul auch Weine machen kann, die nicht nach kürzester Zeit oxidieren und damit untrinkbar werden.

Nach der Einführung der Gärung im Stahltank, nach der Mode des Ausbaus im Barrique und nach der Wiederentdekkung der einheimischen Rebsorten steht im Friaul inzwischen ein neues Thema auf der Tagesordnung – die Entwicklung ausdrucksstarker weißer und roter Gewächse, die einmal in der Lage sein könnten, den Ruf des Friaul auch dann noch in alle Welt zu verbreiten, wenn die Mode der Rebsortenweine abgeklungen ist. Ob diese Weine letztlich aus internationalen oder einheimischen Sorten, reinsortig oder im Verschnitt, im Stahltank oder im Barrique produziert werden, spielt dabei nicht einmal eine so große Rolle. Viel wichtiger ist es für den Weinfreund, daß sie ein typischer, wiedererkennbarer Ausdruck ihrer Landschaft, ihres Terroirs werden und sich vom Weinstil anderer Regionen und Länder deutlich abheben.

Chance für morgen

In der Entwicklung solcher Weine liegt die große Chance des Friauler Weinbaus für die kommenden Jahrzehnte. Die Entwicklung einer eindeutig terroirgeprägten Weinstilistik, im Zuge derer vielleicht sogar eine Reihe von Sortennamen in der Versenkung verschwinden würde, brächte für den Weinfreund den Vorteil leicht identifizierbarer, charakteristischer Produkte. Ein großer Weinwein und ein großer Rotwein pro Betrieb, gelegentlich ergänzt durch einen Süßwein und eine kleine Zahl Liebhaberweine aus seltenen, einheimischen Sorten – das wäre ein Rezept, mit dem die Erzeugerbetriebe der Region ihre Eigenständigkeit bewahren und weiter ausbauen könnten.

Innovationsfreudigkeit und Mut für solche Strategien haben die Friauler ohnehin immer gehabt, das beweist auch die Schnelligkeit, mit der sich viele Spitzenbetriebe zwischen Udine und Triest – Schiopetto, Jermann, Venica oder Marco Felluga seien hier nur stellvertretend genannt – in jüngster Zeit dazu durchgerungen haben, selbst ihre besten Weine nicht

Italienische Sortennamen

Franconia – Blaufränkisch / Lemberger
Moscato giallo – Gelber Muskateller
Moscato rosa - Rosenmuskateller
Pinot bianco – Weißburgunder
Pinot grigio – Grauburgunder / Ruländer
Pinot nero – Spät- / Blauburgunder
Riesling (renano) – (Weißer) Riesling
Riesling italico – Welschriesling
Traminer (aromatico) (Gewürz-)Traminer

mehr mit der häufig für üble Korkschmecker anfälligen Naturrinde zu verschließen, sondern zu modernen Schraubverschlüssen und Kunststoffkorken zu greifen, wie es ihnen Schweizer und Amerikaner schon seit einiger Zeit vormachen.

Nur ..., gewähren lassen muß man sie bei all ihren Anstrengungen und Innovationsversuchen! Dazu müßten die Bürokraten in den römischen Ministerien allerdings begreifen, daß das italienische Weingesetz dringend reformiert gehört und daß man der Weinwirtschaft wie auch dem Weinfreund einen Bärendienst erweist, wenn man einigen der unsinnigen Gesetzesvorschriften, nach denen Qualitätsweine mit Naturkork verschlossen sein müssen, mit Starrsinn Geltung zu verschaffen sucht.

Entdeckungsreisen

Wer im Friaul mit dem Auto zu den besten Weingütern unterwegs ist, der wird fast zwangsläufig auf einer fast schnurgeraden "Rennstrecke" landen, der Nationalstraße von Udine nach Görz, oder vielleicht auf ihrem ebenso schnurgeraden Pendant, das kurz vor Cormòns in Richtung Gradisca und Triest abzweigt. Sehr attraktiv ist diese vielbefahrene Verkehrsader mit Sicherheit nicht, da sie fast durchwegs von Industriebauten und Supermärkten gesäumt wird, die auf den Besucher alles andere als einladend wirken.

So abschreckend dieser nicht enden wollende Industriebandwurm auch sein mag, das eigentliche Friaul, für das sich die Reise lohnt, beginnt erst abseits dieser Straße: in den Hügeln, die sich von Buttrio an hinter der Eisenbahnlinie auftürmen, oder auch an den Stränden, die nur wenige Kilometer südlich die großen Lagunen von der Adria trennen. Dies gilt natürlich vor allem für all jene, die die Region mit dem Fahrrad erobern und dabei weder am Abgasdunst ersticken noch von rücksichtslosen Automobilisten über den Haufen gefahren werden wollen.

Die Anreise ins Friaul ist denkbar einfach, vor allem wenn man aus dem süddeutschen Raum – ausgenommen vielleicht die badische Südwestecke – oder aus Österreich kommt. Dank schneller Autobahnverbindungen via Kärnten gelangt man in wenigen Stunden ins Herz dieser vom Massentourismus noch weitgehend unerschlossenen Landschaft, die mit der Öffnung des Eisernen Vorhangs ihren Charakter als Grenzregion verloren hat und wieder ein Stück "mitteleuropäischer" geworden ist. Kein Vergleich mit den weiten Wegen ins Piemont – das nur für die Schweizer wirklich "vor der Haustüre liegt" – oder gar in die Toskana, wo alleine die Anfahrt eine ausgewachsene Tagesreise verlangt.

Das natürliche Zentrum für jede Erkundung des Friauler Weinbaus ist Udine, dessen sehenswerte Altstadt trotz schwerster Zerstörungen durch ein Erdbeben vor wenig mehr als zwei Jahrzehnten einen wunderschönen Auftakt zu unseren Entdeckungsreisen bildet. Ein Cafébesuch unter den Arkaden, der Shopping-Bummel in den engen Gassen, der obligatorische Aperitif in einer der schönen Weinbars, Mittag- und Abendessen in einer der stimmungsvollen Osterie – fast könnte man die Weiterfahrt vergessen, wäre da nicht das verlockende Weinland im Osten.

Die alte Hauptstadt

Wer bei der Erkundung der Colli Orientali, dem Ziel unserer ersten Weintour, die großen Ausfallstraßen aus Udine heraus meiden will, sollte sich zunächst in nordöstlicher Richtung orientieren und über Godia und Povoletto nach Faedis fahren. Aus dem flachen Plateau des Grave-Gebietes erreicht man auf wenig befahrenen Straßen im Handumdrehen die ersten Weinberge des Anbaugebiets, hinter denen dramatische Voralpen-Gipfel aufsteigen. Von hier aus geht es weiter

In den Hügeln am Fuße der Voralpen wachsen die feinsten Weißweine des Friaul.

nach Cividale, der alten Hauptstadt des Friaul. In Togliano, wenige Kilometer vor der Stadt, betrieb bis vor kurzem die Familie Volpe Pasini eines der repräsentativsten Weingüter der Region, dem allerdings kein Glück beschieden war und das deshalb den Besitzer wechselte.

Obwohl etwas abseits vom heutigen Weinbauzentrum des Friaul gelegen, blickt diese Gegend auf eine jahrhundertelange Tradition zurück – immerhin versorgte man schon zur Zeit der Dogen die Lagunenstadt Venedig, und mit dem Bau der Villa wurde bereits 1596 begonnen. Der Verkauf des Gutes hat – urteilt man einmal auf der Basis der ersten Jahrgänge – der Qualität der Weine durchaus gut getan, und so könnte das kleine Togliano vielleicht bald wieder von sich reden machen.

Cividale ist nicht nur eine kulturell absolut lohnendes Ziel, sondern auch ein Paradies für Gourmands – die Pasticceria-Gelateria Ducale direkt am Hauptplatz zählt zu den besten im weiten Umkreis, und für ein einfaches Mahl mit einem guten Glas Wein bietet sich der Cantiniere Romano an, eine schlichte, aber sehenswerte Osteria.

Wir verlassen Cividale Richtung Cormòns und gelangen nach knappen sechs Kilometern in den Weiler Spessa – nicht zu verwechseln mit dem gleichnamigen Schloß im Collio-Gebiet –, wo Paolo Rodaro vor allem mit seinen Weißweinen schon seit einigen Jahren Talent beweist. Ob seine Produkte nach der Auszeichnung mit den begehrten "drei Gläsern" des Weinführers Gambero Rosso auch weiterhin so preiswert bleiben, ist allerdings abzuwarten.

Wer in Spessa die Hauptstraße in östlicher Richtung verläßt, gelangt über Romanutti und Barbianis nach Cialla, ins Herz eines jener selbständigen DOC-Bereiche, die der italienische Gesetzgeber dem Friaul vor wenigen Jahren zuerkannt hat. Vom Tal aus geht es ein, zwei Serpentinen hinauf zum Betrieb der Familie Rapuzzi, nach Ronchi di Cialla. Die Geschichte der Familie und die der DOC-Zone sind untrennbar miteinander verknüpft. Immerhin hatten Paolo und Dina Rapuzzi hier nicht nur vor fast allen anderen italienischen Weinmachern mit dem Barrique-Ausbau experimentiert – motiviert vom italienischen "Weinpapst" Veronelli –, sondern sie konzentrierten sich dabei auch ganz auf die Pflege ihrer alten Stöcke einheimischer Rebsorten.

Langlebige Weine

Statt Cabernet und Chardonnay ernteten sie Schioppettino, Refosco, Verduzzo und Ribolla, und was sie daraus kelterten, konnte sich sehen lassen. Da auf Cialla jeweils nur ein Teil des Weins direkt nach dem Füllen in den Verkauf gebracht wird, während der Rest oft jahrelang lagert, kommt der Liebhaber ausgereifter Weine ausnahmsweise einmal zu seinem Recht – im schnelllebigen Italien eine echte Besonderheit.

Landschaft und Dörfer erinnern jetzt bereits deutlich an das nahe Slowenien, und dieser Eindruck verstärkt sich, während wir die kurvenreiche Straße über die Hügel um Albana und Mernicco Richtung Dolegna fahren. Das Tal des Judrio, der von seinem Quellgebiet am Monte Cucco über 20 Kilometer die Grenzlinie zu Slowenien bildet, tritt hier endgültig in italienisches Territorium ein. Grenzfluß war der Judrio schon über Jahrhunderte, und das östliche Ufer des kleinen Wasserlaufs, wo der Weinbau von den Habsburgern geprägt wurde, liegt deshalb auch im Weinbaugebiet Collio, in dessen nördlichen, oft wild und unzugänglich wirkenden Hügeln vor allem die aromabetonten Weißweine hervorragend geraten.

Vielleicht liegt es an der imperialen Vergangenheit, wenn Gianni, Giorgio und Ornella Venicas Weingut mit seinen stilsicher eingerichteten Ferienwohnungen häufig von österreichischen Wochenendurlaubern frequentiert wird. Wahrscheinlicher aber ist, daß die Qualität der Weine und die Gastfreundschaft der Venicas den Ausschlag geben. Tatsache ist, daß sich Italiens Spitzenweinbau – und dazu gehören die Venicas schon seit über einem Jahrzehnt – nur selten so offen, zugänglich und aufgeschlossen gibt: Direktverkauf ist für die Venicas ausnahmsweise kein Fremdwort, und wer als Feriengast einmal nicht am Pool faulenzen will, für den stellen sie gerne eine Weinprobe zusammen oder helfen sogar mit Empfehlungen für weitere Weingutsbesuche in der Umgebung.

Spitzen-Sauvignon

Seinen Ruf verdankt das Gut vor allem dem Sauvignon blanc, der in verschiedenen Spielarten – als frischer Sommerwein, unter dem Namen Cerò im Barrique ausgebaut, als Einzellagenwein Ronco delle Mele (Apfelhügel) oder schließlich als Bestandteil einer Cuvée, eines Sortenverschnitts namens Vignis – zum Besten gehört, was im Friaul aus dieser Sorte gekeltert wird.

War Venica in seinem Tal lange Zeit der einzige wirklich empfehlenswerte Winzer, so hat sich die Situation seit einigen Jahren geändert. Nur ein, zwei Kilometer flußabwärts haben sich hoch über dem Tal gleich zwei gute Weingüter etabliert. Linker Hand, noch im Collio-Gebiet, wartet Ca' Ronesca mit feinem Chardonnay sowie einem weißen Tafelwein namens Marnà auf, an deren Seite mit der '97er Ernte auch ein schöner Süßwein getreten ist, der Saramago.

Rechts des Flusses führt eine Staubstraße hinauf zum modernen, großzügig angelegten Weingut La Viarte von Giuseppe Ceschin, dessen Weinberge – wir erinnern uns: der Judrio ist die Grenze! – schon wieder im Anbaugebiet der Colli Orientali liegen. Auch hier ist man auf Besucher eingestellt, und die Anfahrt lohnt sich nicht nur wegen des schönen Blicks über das Tal – Ceschin produziert seit Jahren einige der schönsten Weiß- und Rotweine der Umgebung: einen Tazzelenghe, der erst nach mehreren Reifejahren gefüllt wird, einen roten Cabernet-Merlot-Verschnitt namens Roi und den weißen Tafelwein Liende, was in der friaulischen Sprache soviel wie Frühling heißt.

Die wichtigsten Erzeuger der Colli Orientali

Viele Winzer verkaufen nicht direkt und empfangen nur nach Voranmeldung. Es empfiehlt sich deshalb auf jeden Fall, den Besuch telefonisch anzukündigen.

Ronco delle Betulle
Via A.Colonna 24,
Località Rosazzo
33044 Manzano
0432-852672, 740547

Alfieri Cantarutti
Via Ronchi, 11
34048 San Giovanni al N.
0432-756317
0432-746055
45 100.000
Besuch nach Vereinbarung

Ronchi di Cialla
Fraz. Cialla
33040 Prepotto
0432-731679
0432-709806
14 60.000
Besuch nach Vereinbarung

Marina Danieli
Via Beltrame 77, Fraz.
Caminetto
33042 Buttrio
0432-673283
0432-674421
35 130.000
Zu normalen Geschäftszeiten geöffn.

Girolamo Dorigo
Via del Pozzo, 3
33042 Buttrio
0432-674268
0432-673373
34 100.000
Besuch nach Vereinbarung

Livio Felluga
Via Risorgimento 1,
Fraz. Brazzano
34070 Cormòns
0481-60203
0481-630126
mailbox@felluga.it
135 650.000
Besuch nach Vereinbarung

Ronco del Gnemiz
Via Ronchi, 5
33048 San Giovanni al N.
0432-756238
0432-740414
10,5 65.000
Besuch nach Vereinbarung

Livon und **Ronchi di Manzano**
Via Montarezza 33
Fraz. Dolegnano
33048 San Giovanni al N.
0432-757173
0432-757690
110 450.000
Besuch nach Vereinbarung

Davino Meroi
Via Stretta del Parco, 1
33042 Buttrio
0432-674025
0481-62005

Miani
Via Peruzzi, 10
33042 Buttrio
0432-674327
11,5 12.000
Besuch nach Vereinbarung

Midolini
Via Udine, 40 33044
MANZANO
0432-754555
0432-284354
25 80.000
Besuch nach Vereinbarung

Wieder im Tal, fahren wir weiter nach Süden, vorbei an der Abzweigung zur slowenischen Grenze, die auch Ausgangspunkt für eine der Rundfahrten des folgenden Kapitels ist. Unterhalb der Kirche von Rutars biegen wir in Richtung San Giovanni und Manzano ein. Kurz hinter dem Ort Dolegnano zweigt wiederum rechts eine Straße ab, die uns mitten hinein in den renommiertesten DOC-Bereich der Colli Orientali führt – nach Rosazzo. Auf einer der höchsten Erhebungen des Umlands blickt man von der alten Abbazia über der weiten Küstenebene und kann noch heute die strategische Bedeutung erahnen, die der Ort einst besessen haben muß.

Klerikale Mésalliance

Eine strategisch wichtige Rolle kam dem Kloster auch im Hinblick auf die jüngere Weinbaugeschichte zu. 1981 unterschrieb eine kleine Gruppe von Möbelindustriellen mit der Kurie einen Pachtvertrag zur Nutzung der Gebäude und der umliegenden Weinberge, die zu den besten des Friaul gehören. Ende der achtziger Jahre wurde dann mit Franco Bernabei einer der renommiertesten Weinmacher Italiens als Berater angeheuert, der den Weinen des Gutes in wenigen Jahren eine Statur und einen Schliff gab, wie man sie vorher in der Region kaum gekannt hatte. Ronco dei Roseti, Ronco delle Acacie, ein schöner Pignolo oder auch der Weißburgunder mit dem Namen des Familienoberhaupts, Tullio Zamò, gelten seither als Modellweine für die Colli Orientali oder vielleicht sogar das gesamte Friaul.

Auch wenn der Allianz nicht viel Glück beschieden war – die Initiatoren trennten sich im Streit, und die Kurie übertrug die Pacht, trotz der enormen Investitionen, die zwischenzeitlich getätigt worden waren, einem Konkurrenten, was ihr nur einen Prozeß und Schadenersatzforderungen einbrachte –, war das Renommée der Weine der Abbazia doch so weit gefestigt, daß sie auch unter dem neuen Betriebsnamen Vigne di Zamò ihre Spitzenposition behaupten konnten. Die Familie Zamò, der immerhin drei Weingüter auf Rosazzo, unterhalb Rocca Bernarda und bei Buttrio verblieben waren, baute sich nach ihrem Hinauswurf ein beeindruckendes Weingutsgebäude direkt gegenüber der Abbazia – sozusagen als sichtbare Demonstration ihrer Beharrlichkeit gegenüber der Kurie und ihrem neuen Pächter.

Fein und kräftig

Das Herz der Zamò schlägt jedoch einstweilen noch hinter dem Berg, wo die nach Norden gewandten Hänge die Produktion filigranerer, fast bukettbetonter Weißweine erlauben. Dorthin gelangt man am besten über eine Straße, die von der Abbazia aus westwärts ins Tal nach Oleis führt, vorbei an den neuen Weinbergen von Mario Schiopetto und der Familie Livon, vorbei auch am Weingut Ronco delle Betulle von Ivana Adami, dessen Weine in jüngster Zeit einen Qualitätssprung gemacht haben.

Vom idealen Mikroklima dieser Zone profitiert eine ganze Reihe großer Namen des Friauler Weinbaus. Livio Felluga, einer seiner Pioniere, besitzt hier große Weinbergsflächen, auf denen er unter anderem die Trauben für seinen herrlichen Merlot namens Sossò erntet, und wer die kleine Straße hinter Oleis

Rocca Bernarda
Via Rocca Bernarda 27
33040 Ipplis
0432-716273
0432-716273
40 150.000
Zu normalen Geschäftszeiten geöffn.

Rodaro
Via Cormons, 8
Loc. Spessa
33043 Cividale del Friuli
0432-716066
0432-716066
25 160.000
Zu normalen Geschäftszeiten geöffn.

Leonardo Specogna
Via Rocca Bernarda, 4
33040 Corno di Rosazzo
0432-759420
0432-759420
13,5 60.000
Besuch nach Vereinbarung

La Viarte
Via Novacuzzo, 50
33040 Prepotto
0432-759458
0432-759458
22 100.000
Besuch nach Vereinbarung

Volpe Pasini
Via Cividale 16
Fraz. Togliano
33040 Torreano
0432-715151
0432-715151
60 200.000
Besuch nach Vereinbarung

zur Rocca Bernarda hinauf einschlägt, gelangt nur wenige Kilometer nach dem Familiensitz der Zamò zu einem der traditionsreichsten Betriebe der Region überhaupt, der im Verlaufe eines langen Erbschaftsstreits an den Malteserorden gefallen war und heute mit seinen Weinen wieder auf dem Weg in die Spitzengruppe des Friaul ist.

Auch die Ostseite des Bergrückens hat seit einigen Jahren ihr Renommierweingut. Graziano Specogna tüftelte hier gelegentlich auch gegen den Widerstand des Vaters – das Ausdünnen der Trauben, um die Qualität des Weins zu erhöhen, erschien diesem als Sünde – und mit Hilfe des leider tödlich verunglückten österreichischen Önologen Alex Trolf an einer Reihe schöner Weine, von denen vor allem der Merlot immer besser geriet. Aber die Reise ist inzwischen schon lang geworden. Über Prema-riacco und Orzano geht es deshalb zurück nach Udine, und wer die gut hundert Kilometer wirklich mit dem Rad und nicht mit dem Auto abgefahren ist, der weiß jetzt, warum sämtliche Knochen schmerzen.

Hügelweine

Man kann das Friaul auch ganz "klassisch" angehen, auf der Nationalstraße von Udine nach Görz, sozusagen, die direkt ins Zentrum von Colli Orientali und Collio führt. Allzu vergnüglich ist das allerdings nicht, und deshalb verlassen wir Udine zu unserer zweiten Tour erneut auf Schleichwegen, diesmalin Richtung Pradamano. Von hier aus sind es nicht einmal drei Kilometer bis nach Buttrio, wo einer der berühmtesten Weinbaubetriebe der Region ansässig ist, der von Girolamo Dorigo.

Der einstige Buchhalter erwarb sich schon in den achtziger Jahren den Ruf eines kompromißlosen Nachahmers französischer Methoden in Weinberg und Keller. Nicht nur, daß er früh mit dem Barrique-Ausbau seiner Weine begann, daß sein bester Wein, der Montsclapade, ein Verschnitt nach Art der Bordeaux-Weine ist, der auch den Ver-

La Viarte, eines der modernen, aufstrebenden Weingüter der Region, benennt seine Weine mit alten friaulischen Namen wie „Liende“ (Frühling).

gleich mit den Originalen nicht zu scheuen braucht, Dorigo bewies auch bei der Neuanlage seiner Weinberge eine Radikalität, wie sie kaum ein anderer italienischer Winzer seither an den Tag gelegt hat.

Die nach Burgunderart extrem niedrige Reberziehung und die bis zu 10.000 Stöcke pro Hektar, die „Dorigeaux“, wie man ihn „gallisierend“ nannte, auspflanzen ließ – üblich sind in der Region 3.000, höchstens 5.000 Stöcke – fallen auch heute noch ins Auge. Auffallend, im besten Sinne des Wortes, sind auch die Weine des Gutes, wobei nach der Trennung zwischen Dorigo und seiner Frau Rosa mehr und mehr Sohn Alessio in die Produktion involviert ist. Pignolo, Chardonnay, Sauvignon, Refosco, Schioppettino – die Liste der exzellenten Weine Dorigos ist ellenlang und es bleibt nur zu hoffen, daß die verändere Situation – Rosa Dorigo, die allseits beliebte

Seele des Betriebs, ist inzwischen mit eigenen Weinen in Erscheinung getreten – die Zukunft dieses Schmuckstücks der Friauler Önologie nicht beeinträchtigt.

Niedrige Erträge als Erfolgsgeheimnis

Wenn eines der Geheimnisse des Erfolgs von Dorigo in den niedrigen Stock- und Hektarerträgen seiner Weinberge lag, so gilt das sicher noch viel mehr für Enzo Pontoni, dessen Weingut Miani nur wenige hundert Meter vom Haus der Dorigos entfernt ist. Daß Pontoni aus seinen immerhin fast zwölf

Schon bei der Weinbergsarbeit im Winter und Frühjahr wird die Erntemenge und damit auch die Qualität des Weins beeinflußt.

Hektar Weinbergen nur als zehn- bis fünfzehntausend Flaschen Wein herausholt, mag man fast nicht glauben, so widersinnig erscheint diese Mini-Menge unter wirtschaftlichen Aspekten. Tatsache ist, daß seine Weinberge zum überwiegenden Teil aus uralten Stöcken bestehen, die kaum noch Ertrag bringen und deren Bestand riesige Lücken aufweist. Obwohl unter solchen Voraussetzungen die Weinqualität nie wirklich umgekehrt proportional zur Erntemenge steigt, sind Miani-Weine doch unübertroffen in ihrer Konzentration.

Nur schade, daß die wenigen Flaschen meist schon lange im voraus reserviert und deshalb kaum im Handel erhältlich sind. Für den, der Weine kaufen will, lohnt da schon eher ein Abstecher in die Trattoria del Parco der Familie Meroi, die nicht nur ein beliebter Ort für Hochzeitsfeiern ist, sondern auch mit den exzellenten Weinen Paolo Merois aufwarten kann. Der junge Wirt und Winzer, der eng mit Pontoni zusammenarbeitet, glänzt vor allem mit seinen Rotweinen. Paradebeispiele sind der Refosco und der rote Dominin.

An der Kreuzung direkt unterhalb der Trattoria folgen wir jetzt der Straße, die am Fuße der Hügel von Buttrio nach Manzano führt. Über uns thront das Castello di Morpurgo, das seit einigen Jahren der Familie von Marco Felluga gehört. Vorbei an den Weinbergen und am Gästehaus des Weinguts von Marina Danieli, deren Familie auch die riesige Stahlfabrik am Ortsausgang von Buttrio gehört, bringt uns die kleine Weinbergsstraße im Handumdrehen nach Manzano.

Spitzen-Chardonnay

Das Zentrum der Friauler Möbelindustrie hat im Ortskern selbst kein renommiertes Weingut, allerdings gehört eine ganze Reihe der Betriebe, die wir auf der Fahrt durch Rosazzo kennenlernten, zum Kataster dieser kleinen Industriegemeinde. Im Ort orientieren wir uns Richtung Nordosten und gelangen zu einer Kreuzung, an der es linker Hand zur Abbazia di Rosazzo, rechts nach San Giovanni geht.

San Giovanni, in vieler Hinsicht ein Zwilling Manzanos, ist für den Weinreisenden wesentlich attraktiver. Nicht nur, daß mit dem Restaurant Campiello – leider direkt an der vielbefahrenen Nationalstraße gelegen – eines der besten Restaurants des Friaul zur ausgiebigen Pause einlädt, sondern in der Gemeinde befindet sich auch eines der besten Weingüter der Zone, Ronco del Gnemiz. Eigentlich müßte es Ronc heißen, denn der friaulische Ausdruck für Hügel ist in der italienischen Sprache ein Fremdwort. Am Südhang der Hügel von Rosazzo gelegen, genießen die Weinberge des Gutes die vielleicht besten klimatischen Bedingungen zur Erzeugung kräftiger, körperreicher Weine der gesamten Region, was im Stil der Produkte des Hauses auch voll zum Tragen kommt.

Einst zur Gruppe von Weingütern um die Abbazia di Rosazzo gehörend, von der man sich jedoch 1996 trennte, wurde das Gut von Serena Palazzolo schon früh durch seinen barriquevergorenen Chardonnay bekannt, der sich seit seinem Jungfernjahrgang

1987 regelmäßig durch eine so reiche Aromatik und Struktur auszeichnete, wie sie selbst in den ausgesprochenen Weißweingebieten des Friaul nicht alltäglich sind. Aber auch mit den Roten weiß man auf Gnemiz zu überzeugen, sei es durch den fruchtig-zimtigen Schioppettino – er erinnert in guten Jahrgängen an einen Sangiovese – oder den Merlot-Cabernet-Verschnitt Rosso del Gnemiz.

Erwähnt werden müssen noch zwei weitere Betriebe San Giovannis: das unweit von Gnemiz gelegene Gut der Cantaruttis, die auf der hügelabgewandten Seite des Ortes auch ein schönes Ferienhotel für Familien und Sportfreunde betreiben, und schließlich die Kellerei Livon im Ortsteil Dolegnano, zu der heute ein riesiger Weinbergsbesitz in den verschiedensten Anbaugebieten des Friaul gehört, und die seit Beginn der neunziger mit großartigen Rot- und Weißweinen aufwarten kann.

Auf Weintour im Collio

Über Sant' Andrât und Visinale gelangen wir nach Brazzano, wo gleich zwei der Friauler Spitzen beheimatet sind. Direkt im Ortskern bei der Kirche hat der eher zurückhaltende, nicht eben eloquente Nicola Manferrari in der alten Dorfbäckerei, deren jahrhundertealte Einrichtung noch teilweise erhalten ist, sein Weingut Borgo del Tiglio aufgebaut. Obwohl er eigentlich mit Chardonnay, Sauvignon sowie dem Merlot Rosso di Centa bekannt wurde, gehört Manferraris Liebe den einheimischen Sorten, dem holzvergorenen Tocai Ronco della Chiesa, der nichts mehr von der einstigen Massensorte hat, sowie einem Verschnitt aus Tocai, Sauvignon und Riesling, dem Studio, den der Winzer selbst als einen Schritt auf dem Weg hin zum großen, weißen "Châteaux-Wein" des Collio versteht.

Auch Livio Felluga, dessen Weinbergsflächen in den Colli Orientali schon auf der Fahrt über Rosazzo aufgefallen sind, ist im kleinen Brazzano am Rande des Collio ansässig. In den von außen recht anonym wirkenden Betriebsgebäuden, wo heute die Generation der Kinder mit Andrea, Elda und Maurizio das Sagen hat, werden einige der feinsten Weine der Gegend gekeltert, darunter nicht nur der fruchtig-üppige

Merlot Sossò, sondern auch der weiße Tocai-Chardonnay-Sauvignon-Verschnitt Terre Alte, der seit Bestehen des Weinführers Gambero Rosso einer der Abonnementsieger der Verkostungen ist.

Kunstgenossen

Cormòns, nur drei Kilometer von Brazzano entfernt, ist in vieler Hinsicht eine Reise wert, und das gilt nicht zuletzt auch für die Gastronomie des Ortes, die mit der charmanten Trattoria Al Giardinetto das Restaurant mit dem besten Preis-Leistungs-Verhältnis der Region besitzt. Wer hier einmal Tagliolini fior di zuccha, Coda di rospo oder die traumhafte Panna cotta con frutta del bosco probiert hat, der wird noch lange von den kulinarischen Genüssen des Friaul schwärmen. Keine Angst braucht man hier auch vor eventuell unverständlichen Speisekarten zu haben, denn das Giardinetto ist wie viele Restaurants des Gebiets auf deutschsprachige Besucher eingestellt.

Schier unglaublich für ein Haus dieser Klasse ist das Preisniveau der Weinkarte, auf der viele Weine zu Preisen angeboten werden, die selbst unter dem liegen, was man in Deutschland im Fachgeschäft dafür bezahlen würde. Eine Fundgrube für hervorragende Weine der verschiedensten Güter aus Cormòns und Umgebung ist auch die Enoteca auf der Piazza 24 Maggio, mitten im Ortszentrum. Wer dagegen den Besuch beim Winzer bevorzugt, kann bei den Geschwistern Alessandra und Mauro Mauri im Weingute Borgo San Daniele anklopfen, die sich mit ihren Weißweinen in den letzten Jahren

Die wichtigsten Erzeuger des Collio

Borgo del Tiglio
Via San Giorgio, 71
Fraz. Brazzano
34070 Cormòns
0481-62166
0481-62166
8 40.000
Besuch nach Vereinbarung

Borgo San Daniele
Via San Daniele, 16
34071 Cormòns
0481-60552, 630525
0481-630525
almau@tin.it
12 35.000
Besuch nach Vereinbarung

Ca' Ronesca
Loc. Lonzano, 27
34070 Dolegna del Collio
0481-60034
0481-630190
Ronesca@mail.seta.it
www.ca'ronesca.it
50 200.000

La Castellada
Loc. Oslavia, 1
34070 Gorizia
0481-33670
0481-33670
7,5 20.000
Besuch nach Vereinbarung

Produttori di Cormòns
Via Mariano, 31
34071 Cormòns
0481-60579 & 61798
0481-630031
350 2.000.000

Marco Felluga
Via Gorizia, 121
34072 Gradisca d'Isonzo
0481-99164 & 92237
0481-960270
marco.felluga@go.nettuno.it
128 650.000

Josko Gravner
Via Lenzuolo Bianco, 9 Fraz.
Oslavia
34070 Gorizia
0481-30882
0481-30882
17,5 40.000
Besuch nach Vereinbarung

Vinnaioli Jermann
Via Monte Fortino, 17
Fraz. Villanova
34070 Farra d'Isonzo
0481-888080
0481-888512

Edi Keber
Loc. Zegla, 17
34071 Cormòns
0481-61184
0481-61184
10 30.000
Besuch nach Vereinbarung

Roberto Picech
Loc. Pradis, 11
34071 Cormòns
0481-60347
0481-630461
7 20.000
Besuch nach Vereinbarung

M. & S. Primosic
Via Madonnina, 3
Loc. Oslavia
34070 Gorizia
0481-535153
0481-536705
11 90.000
Besuch nach Vereinbarung

Alessandro Princic
Loc. Pradis, 5
34071 Cormòns
0481-60723
0481-60723
8 60.000
Besuch nach Vereinbarung

bis an die absolute Spitze des Collio-Weinbaus vorgekämpft haben.

Betriebsamer als bei den sympathischen Jungwinzern geht es in der örtlichen Genossenschaft zu, deren Gebäude schon auf dem Gebiet der DOC Isonzo am südlichen Ortsrand von Cormòns liegt. Die einzige Kooperative östlich des Tagliamento operiert gleich in vier Anbaugebieten, Collio, Colli Orientali, Isonzo und Aquileia, und verkauft fast ein Viertel ihrer Produktion in großen Korbflaschen an die einheimische Bevölkerung. Berühmt wurden die Produttori Anfang der achtziger Jahre, als sie aus ihrem Versuchsweingarten vor der Kellerei, auf dem 500 Rebsorten aus der ganzen Welt ausgepflanzt sind, zum ersten Mal ihren mit Künstleretiketten verzierten Vino della Pace, den Friedenswein vorstellten.

Isonzo-Weine

Südlich von Cormòns beginnt das weite Plateau des Isonzo-Gebiets, das sich über den gleichnamigen Fluß hinaus bis ans Meer und an das Karstgebirge im Südosten der Region erstreckt. Seine besten Lagen sind jedoch hier im Norden zu finden, in der Ebene, die direkt an das Collio angrenzt, und in den wenigen Hügeln, die in sie eingestreut sind. Unweit der Genossenschaft zweigt eine kleine Landstraße nach Corona ab, vorbei am Weingut La Boatina, dessen weiße, flache Gebäude ein wenig an den kalifornischen Missionsstil erinnern. Wer jetzt Hunger bekommt, kann in Corona in eine der wenigen authentischen und gleichzeitig guten Familientrattorie einkehren, deren Fleischportionen sich gleichfalls an amerikanischen Vorbildern zu orientieren scheinen.

Im rechten Winkel geht es von hier aus wieder westwärts nach Mariano und von dort nach Romans, wo zwei Winzer ansässig sind, die auf einen ihrer berühmtesten Namensvettern gerne verzichten würden. Silvano und Gianfranco Gallo mußten, da sie ihre Weine auch in die USA exportieren, den Namen ihrer beiden Weingüter ändern, da die Brüder Ernest und Julio Gallo, Eigner der weltgrößten Kellerei in Kalifornien, sich den Gebrauch ihres Familiennamens exklusiv hatten schützen lassen.

Veilchen und Charme

So tragen die beiden Betriebe heute die für ausländische Ohren etwas umständlich klingenden Namen Vie di Romans und Masùt da Rive, was aber der Qualität ihrer Weine keinen Abbruch getan hat. Vor allem Gianfranco erlangte mit seinem Sauvignon Vieris weithin Berühmtheit, und auch seine beiden Chardonnays oder sein weißer Tafelwein Flors di Uiss sind so gut, daß sie keine Konkurrenz des nahen Collio-Gebiets zu fürchten brauchen. Daß ein Chardonnay den problematischen Namen Ciampagnis Vieris trägt, hat in der französischen Champagne zum Glück noch niemand mitbekommen – das nächste Namensverbot wäre dem dynamischen Jungwinzer sonst sicher.

Von Romans aus ist es nur noch ein Katzensprung bis nach Gradisca, dem Schlußpunkt dieser Tour. In dem mit Sicherheit lebhaftesten und charmantesten Städt-

Puiatti
Via Aquileia, 30
34070 Capriva del Friuli
0481-809922
0481-809685

Stanislao Radikon
Loc. Tre Buchi, 4
Fraz. Oslavia
34070 Gorizia
0481-32804
0481-32804
8 30.000
Besuch nach Vereinbarung

Roncùs - Marco Perco
Via Mazzini, 18
34070 Capriva del Friuli
0481-809349
0481-809349
10 30.000

Russiz Superiore
Loc. Russiz Superiore
34070 Capriva del Friuli
0481-99164 & 80238
0481-960270
64 200.000
Besuch nach Vereinbarung

Mario Schiopetto
Via Spessa, 20
34070 Capriva del Friuli
0481-80332
0481-80332
22,5 180.000
Besuch nach Vereinbarung

Castello di Spessa
Via Spessa, 1
34070 Capriva del Friuli
0481-639914
0481-630161
30 120.000
Besuch nach Vereinbarung

Subida di Monte
Loc. Monte, 9
34071 Cormòns
0481-61011

Ronco dei Tassi
Loc. Monte, 38
34071 Cormòns
0481-60155 & 60155
17 50.000
Besuch nach Vereinbarung

Venica & Venica
Via Mernico, 42
34070 Dolegna Collio
0481-61264 & 60177
0481-639906
Venica@mail.seta.it
www.seta.it/venica
21 140.000
Besuch nach Vereinbarung

Villa Russiz
Loc. Russiz, 5
34070 Capriva del Friuli
0481-80047
0481-809657
30 130.000
Besuch nach Vereinbarung

Tenuta Villanova
Via Contessa Beretta, 7
34070 Farra d'Isonzo
0481-888013
0481-888513
104 400.000
Besuch nach Vereinbarung

chen des östlichen Friaul – mit der berühmten Enoteca La Serenissima – ist auch die Kellerei von Marco Felluga ansässig, obwohl deren Weine hauptsächlich aus Collio und Colli Orientali stammen. Wie Marcos Bruder Livio, von dem bereits die Rede war, stammt er aus einer alten istrischen Weinhändlerfamilie, die Anfang des Jahrhunderts die Weine der Halbinsel ins friaulische Grado verschiffte, um sich später ganz dort niederzulassen. Die Familiengeschichte der beiden würde ganze TV-Sagas vom Stile Dallas oder Dynasty füllen, aber dem Weinfreund darf die Tatsache reichen, daß beide Fellugas heute als gleichermaßen erfolgreich gelten.

Slowenen im Friaul

Marco Felluga, der neben seinem Renommierweingut Russiz Superiore im Collio-Gebiet vor einigen Jahren auch das Castello di Morpurgo und ein Chianti-Weingut in Castellina erwarb, hat seinen Besitz heute unter den drei Kindern aufgeteilt. Gradisca und Russiz, das Herzstück des Betriebs, fielen dabei an Tochter Patrizia, die mit viel Geschick die Sortenpalette zu straffen begann und dabei die Qualität der Weine weiter deutlich verbesserte. Auch wenn die Felluga-Güter zu den Betrieben gehören, bei denen das Einkaufen im Weingut nicht oder nur ausnahmsweise möglich ist, braucht der Besucher hier nicht zu darben. Gleich gegenüber der Kellerei hat die Familie vor kurzem eine schöne Osteria eröffnet und an einen ungemein tüchtigen Wirt verpachtet – der ideale Ort für eine stärkende Mahlzeit oder vielleicht sogar eine ausgiebige Verkostung.

Wer Friaul lieber von seiner österreichischen Seite her entdecken will oder aus Slowenien kommt, dem bieten sich zwei Touren mit Ausgangspunkt in Gorizia, dem habsburgischen Görz, von denen die erste über den östlichen Teil des Collio-Gebiets in das Küstenstädtchen Grado, die zweite über den Karst nach Trieste führt.

Gorizia ist eine Stadt mit eigenartiger Atmosphäre. Eng ins Isonzotal gezwängt, von den Plattenbauten der slowenischen Schwesterstadt überragt, herrscht in den geschäftigen Straßen ein solches kulturelles Durcheinander, daß man sich schon aus sprachlichen Gründen gelegentlich schwer tut, nach dem Weg zu fragen. Oslavia aber oder auch San Floriano del Collio sind den meisten Menschen hier ein Begriff, und so sollte es nicht allzu schwierig sein, den Weg in die Hügel über die Brücke am Nordende der Stadt zu finden.

Eng an die slowenische Grenze gedrängt, liegen hier oben, wie auf einer Perlenschnur aufgereiht, die Weingüter einer Gruppe von Winzern, die sich seit Mitte der achtziger Jahre nicht nur durch die Qualität ihrer Weine einen Namen machten, sondern auch, weil sie häufig gemeinsam auftraten – in ihrer Mitte ein Mann, der als eine der größten Winzerpersönlichkeiten der Region gilt. Francesco "Josko" Gravner hatte als einer der ersten das enorme Potential der Lagen unterhalb San Florianos erkannt und für seine großartigen Weißweine zu nutzen begonnen. Auch er profilierte sich mit den gängigen internationalen Sorten – sein Chardonnay und sein Sauvignon gehörten regelmäßig zu den reichsten und komplexesten Weinen Italiens –, aber er schenkte auch der einheimischen Ribolla gialla viel Aufmerksamkeit.

Vor nicht einmal zwei Jahrzehnten gab es im Friaul nur wenige Qualitätsweine. Heute haben die Weiß- und Rotweine zahlreicher Produzenten absolutes Weltniveau.

Radikaler Wandel

Wer einmal die Chance hatte, ein Glas seines nur in geringsten Mengen produzierten Sauvignon Selezione zu verkosten, eines Weins, der mehrere Jahre im Barrique reifte, bevor er gefüllt wurde, und der nie wirklich in den Verkauf gelangte, sondern nur unter der Hand verteilt wurde, dem wird dies mit Sicherheit als eines seiner größten Weißwein-Erlebnisse in Erinnerung sein. Gravner war in vielerlei Hinsicht Wegbereiter für den Weinbau des Collio: Er perfektionierte den Weißweinausbau im Barrique, entdeckte die verborgenen Qualitäten der einheimischen Sorten, bewies mit seinem

Josko Gravner vor seinen Lieblings- und „Schicksals"-Weinbergen im slowenischen Hum.

Breg, einem Verschnitt aus allen weißen Sorten, die er kultivierte, daß die Zukunft des Collio wirklich in einem "großen" weißen Châteauweinstil liegen könnte, der der Vielfalt der sortenreinen Weine zumindest qualitativ überlegen wäre, und kelterte so ganz nebenbei auch noch einen außergewöhnlichen Rotwein, den Ruino.

All das schien wie weggefegt und zur Bedeutungslosigkeit verdammt, als Josko Gravner eines Tages mitten in seinen slowenischen Weinbergen stocksteif umfiel und einen dabei erlittenen Milzriß nur knapp überlebte. Radikal, wie er schon immer war, stellte er innerhalb kürzester Zeit sein gesamtes Leben um – vegetarische Ernährung, biologischer Weinbau und naturschonende Kellertechniken gehörten fortan zu seinem Credo. Daß dies auch den Verzicht auf pneumatische Pressen und waldfressende, neue Barriquefässer bedeutete, wurde ihm von manch einem seiner Kritiker nicht ohne gewisse Häme ins imaginäre Kellerbuch geschrieben.

Gravner, der von einem Leben nach dem Weinmachen in der Ruhe und Abgeschiedenheit seines kleinen Hauses in

Hum jenseits der Grenze träumt, experimentiert inzwischen mit der Weinbereitung in tönernen, in der Erde vergrabenen Amphoren, die er eigens aus Georgien importiert, wie auch in großen, traditionellen Holzfässern, und er ist überzeugt, damit auf dem richtigen Weg zu sein. Daß die ersten Jahrgänge seiner Weine im neuen Stil nicht wirklich überzeugend gerieten – wer wollte es ihm ob der selbst verordneten Radikalkur verdenken. Daß man aber unter Verzicht auf moderne Kellertechnik und Barriques keine guten Weine machen könne, wie mancher der Kritiker gerne betont, ist eine haltlose Behauptung, die unzählige Winzer in vielen traditionellen Weinbauländern Jahr für Jahr Belege in Form wunderbarer Weine widerlegen.

Um Gravner hatte sich Anfang der neunziger Jahre eine kleine Gruppe gebildet, deren Mitglieder ähnlich qualitätsbesessen dachten wie ihr Vorbild. Dazu gehörten unter anderem die Brüder Bensa vom Weingut Castellada und Stanislao Radikon, der allerdings seinen besten Merlot-Weinberg, den er nur gepachtet hatte, vor einiger Zeit verlor.

Grenzgänger

Wie Gravner und seine Kollegen sind viele Winzer dieser Gegend Grenzgänger. Um ihren Weinbergsbesitz in Italien und Slowenien bearbeiten zu können, dürfen sie eine ganze Reihe kleinerer Grenzübergänge benutzen, die dem allgemeinen Reiseverkehr verschlossen bleiben. Von dieser Verbundenheit mit der Bevölkerung des Nachbarlands kann auch

Edi Keber in Zegla bei Cormòns berichten, einem Weiler, den wir über die wunderschöne, kurvenreiche Straße erreichen, die von San Floriano aus in die Ebene zwischen Mossa, Capriva und Cormòns auf der einen und der slowenischen Grenze auf der anderen Seite führt.

Edi, sein Vater und auch sein Großvater wurden alle in demselben Haus geboren. Der Großvater als Österreicher, der Vater als Italiener – auf dem Gebiet einer Gemeinde, die heute in Slowenien liegt – und Edi schließlich als Bürger des ita-

Auf den steilen Hängen von Ruttars im Collio, direkt an der slowenischen Grenze, hat die Kellerei Livon spektakuläre neue Weinberge angelegt.

lienischen Cormòns, zu dem der Ort jetzt gehört. Wie Keber, bei dem vor allem der Tocai und der Sauvignon von der Eignung dieses Teils des Collio für fruchtbetonte Weißweine zeugen, gehört auch Fabio Coser, dessen Weingut Ronco dei Tassi, auf deutsch Dachshügel, in den Wäldern oberhalb von Cormòns verborgen ist, zu einer Generation von Winzern, die erst Mitte der neunziger Jahre einen gewissen Bekanntheitsgrad erlangten.

Ganz anders ist das bei der Mehrzahl derer, die die Südlagen der Hügelkette zwischen Cormòns und Capriva bewirtschaften, der nächsten Etappe unserer Rundfahrt, die wir nach einem ausgiebigen Mahl in der wunderschönen Trattoria La Subida auf der Scheitelhöhe des kleinen Passes zwischen Zegla und Cormòns in Angriff nehmen. Die kleine

Die besten Hotels des Friaul

150
Astoria Italia
Piazza XX Settembre, 24
33100 Udine
0432-505091
0432-509070
Ganzjährig geöffn.

30
Campiello
Via Nazionale, 40
33048 San Giovanni al N.
0432-757910
0432-757426
10. - 25. 8. geschl.

100 -
Duchi d'Aosta
Via dell'Orologio, 2
34100 Trieste
040-7600011
040-366092
Ganzjährig geöffn.

Franz
Viale Trieste, 45
34072 Gradisca d'Isonzo
0481-99211
0481-960510
info@hotelfranz.it
www.hotelfranz.it
Weihnachten geschl.

Hannover
Piazza 26 Maggio
34073 Grado
0431-82264
0431-82141
Ganzjährig geöffn.

Shangri-La
Via Bolzano, 60
33048 San Giovanni al N.
0432-757844
0432-746005
Ganzjährig geöffn.

Weinbergsstraße, die am Ortseingang von Cormòns in östlicher Richtung abzweigt, führt uns mitten hinein ins historische Zentrum des Collio-Weinbaus.

Historische Größen

Roberto Picech, Sohn Eugidios, den sie hier wegen seiner ständig provokativen Art nur "Ribel" – den Rebellen – nennen, ist auf unserem Weg die erste Station. Ihren Betrieb hat die Familie schon in den zwanziger Jahren in Halbpacht geführt, ihn dann schließlich 1963 unter allergrößten Opfern kaufen können. Wie der Vater, so provoziert auch der Sohn zur Diskussion – er allerdings im positiven Sinne und mit seinen Weinen. Daß der Tocai sich seinen Zweitnamen Sauvignonasse zu Recht verdient, zeigt er hier bei den Picechs, und der Merlot mit seiner dichten Frucht und Noten eines gelungenen Barriqueausbaus sorgte auch innerhalb der Familie für heftige Auseinandersetzungen, die dafür sorgen könnten, daß der Beiname "Ribel" vielleicht eines Tages auf Sohn Picech übergeht.

Bei Sandro Princic, nur wenige Häuser weiter, ist das genaue Kontrastprogramm zu den Picechs angesagt. Der sympathische Lebenskünstler liebt es, Feunde, Kollegen und Besucher zu Hause zu empfangen und zu bewirten, was er mit tatkräftiger Hilfe seiner Frau im großzügig eingerichteten Küchen-Büro-Wohnzimmer seines kleinen Weinguts auch fast ständig tut. Princic ist ein Meister der delikaten, weißen Sorten wie beispielsweise des Weißburgunders oder der Malvasia, aber auch der Merlot gerät ihm in guten Jahrgängen ganz vortrefflich, und sein Pinot grigio verdient hier endlich einmal den Namen, der ihm in Italien in den meisten Fällen gar nicht zustände.

Nur wenige Meter hangabwärts erreicht man eine schmale Straße, die Cormòns entlang der Bahnlinie mit Capriva verbindet. Sie führt direkt zu einigen der auffälligsten Erscheinungen des Collio, zum wunderschönen Castello di Spessa, zum spektakulären Kellerneubau des Altmeisters Mario Schiopetto, zur weißen Villa des Grafen de la Tour und zum bereits erwähnten Weingut Russiz Superiore Marco Fellugas, die auf kleinstem Raum einen Gutteil des legendären Rufs der gesamten Region versammeln und verkörpern.

32
La Foresteria Strassoldo
Piazza Caimo, 4
Fraz. Tissano
33050 Santa Maria Longa
0432-999399
0432-999399
pweb.uunet.de/mbi.m/friaul.html
Ganzährig geöffn.

35
La Subida
Loc. Monte, 22
34071 Cormòns
0481-60531
0481-61616
Feb. geschl.

20
Venica & Venica
Via Mernico, 42
34070 Dolegna Collio
0481-61264 & 60177
0481-639906
Venica@mail.seta.it
www.seta.it/venica

100
Wiener
Via Stazione 33048
San Giovanni al N.
0432-757378
0432-757359
Ganzjährig geöffn.

Pionier des Sortenweins

Mario Schiopetto war, zusammen vielleicht mit Vittorio Puiatti, dessen Kellerei ebenfalls in Capriva beheimatet ist, derjenige unter den Pionieren der Region, der mit seinen modern vinifizierten, aromatischen Weißweinen als erster den neuen Trend bei einem breiteren Publikum bekanntmachte. Er lancierte die Welle der Rebsortenweine Sauvignon, Pinot grigio, Chardonnay oder auch Malvasia und Tocai.

Auch in seinem Betrieb ist inzwischen die Hauptlast der Arbeit an die jüngere Generation übergegangen, aber es ist und bleibt bewundernswert, wie Vater Schiopetto trotz schwerster Krankheit noch immer für Dynamik sorgt: Neue Weinbergsflächen unweit von Cormòns, ein großes, neuerstandenes Weingut im historischen Rosazzo-Gebiet der Colli Orientali, seit einiger Zeit auch wieder Weine, die in den Bewertungen der Weinkritik allerhöchste Noten erhalten, sind Zeichen dafür, daß Schiopetto seinen Kindern ein gut bestelltes Haus übergeben will.

Einem guten Zweck dient auch die Arbeit von Gianni Menotti auf Villa Russiz, dem einzigen Spitzenweingut Italiens, das einer wohltätigen Stiftung gehört. 1869 von einem französischen Adeligen gegründet, der mit seiner österreichischen Frau eine neue Heimat suchte, wurde das Gut schon vor der Jahrhundertwende zu einem wichtigen Friauler Vorposten französischer Rebsorten und französischer Weinbergs- und Kellertechnik. Obwohl auch Menotti seinen Ruf vor allem mit sortenreinen Weißweinen – der Sauvignon de la Tour gehört zu den besten seiner Art in Europa – zimmerte, kam die eigentliche Sensation des Betriebs in den letzten Jahren aus dem Rotweinbereich. Mit einem Merlot unter dem deutsch-französischen Namen Graf de la Tour bewies Villa Russiz allen Zweiflern, welch großartiges Potential in diesem einstigen Aschenputtel des Friauler Sortenpanoramas steckt.

Capriva ist auch die Heimat eines der jüngeren Shooting-Stars des Collio-Gebiets, des Weinguts Roncùs des jungen Marco Perco, der erst seit den frühen neunziger Jahren seine Weine selbst vermarktet. Auch er folgte zunächst dem Trend der leichten, aromatischen Weißweine, stellte seine Arbeitsweise aber schon nach wenigen Jahren grundlegend um: Extrem niedrige Reberzieh-ung, kurze Maischestandzeit auch bei weißen Trauben und Ausbau der Weine im Holzfaß lautet seine Philosophie heute, mit der er reichere, komplexere Weine zu produzieren hofft.

Im Doppelpack

Wir verlassen Capriva in Richtung Süden, unterqueren die Eisenbahnlinie und folgen – allerdings nur für wenige Kilometer – der Hauptstraße von Udine in Richtung Görz. San Lorenzo Isontino heißt unser nächstes Ziel, und wir lassen dabei, wie es der Ortsname andeutet, das Collio-Gebiet hinter uns. Was die beiden Familien Gallo in Mariano, das sind die Pecoraris in San Lorenzo – der Weinbau des Isonzo scheint sich überall in Familienpaarungen zu artikulieren.

Die überzeugendere Leistung der beiden Familien erbrachte in den letzten Jahren meist der Betrieb von Pierpaolo, der vor allem mit seinem Sauvignon Kolàus, gewachsen auf trokkenen Schotterböden, die oft sogar bewässert werden müssen, ein absolutes Rassepferd im Stall hat. Pecorari ist allerdings auch jemand, der von Schicksalsschlägen erzählen kann: Mitten in die Phase des beginnenden Erfolgs hinein mußte er vor einigen Jahren den Verlust einer ganzen Füllpartie seiner besten Weine hinnehmen. Nach deren Auslieferung in die USA hatte es schon bald begonnen, Proteste zu regnen. Die eilig bei immerhin sechs Weinbauinstituten angeforderte Analyse der zurückgeschickten Flaschen brachte ein niederschmetterndes Resultat: 100 Prozent der Proben zeigten deutliche Korkschmecker. Wie der Prozeß gegen den Korkproduzenten – wenn er bei der Langsamkeit der italienischen Justizmühlen überhaupt ein Ende findet – ausgehen wird, steht in den Sternen.

Relikte und Romantik

Von San Lorenzo sind es nur wenige Kilometer nach Gorizia, zum Ausgangspunkt der Tour, aber einen viel harmonischeren Ausklang der Reise bildet die Weiterfahrt nach Aquileia und Grado, zur Küste. Über Farra und Gradisca erreicht man in wenig mehr als einer halben Stunde die Ausgrabungsstätten von Aquileia, dem einstigen politischen Zentrum der Region unter römischer Herrschaft. Von hier aus sind es noch zehn Kilometer – die Hälfte davon auf einem künstlichen

In den letzten Jahren wurden im Collio-Gebiet zahlreiche Weinberge neu ausgepflanzt, um die Qualität der Weine noch weiter zu steigern.

Damm quer durch die Lagune – bis Grado, dem wahrscheinlich hübschesten Hafenstädtchen der ganzen nördlichen Adria.

Fischrestaurants in Hülle und Fülle, in denen die besten Weine von Collio, Colli Orientali und Isonzo serviert werden, ein verträumter Fischereihafen und eine Promenade, an der ausnahmsweise nicht die üblichen Betonburgen dominieren, sind die Attraktionen des Ortes, dessen verträumte Altstadtgassen mit ihren Weinbars wie geschaffen sind für den abendlichen Spaziergang und einen kühlen Aperitif.

Nach den ausgedehnten Entdekkungsfahrten durch die drei wichtigsten Anbauzonen des Friaul bleibt eigentlich nur noch ein lohnendes Ziel die Hafenstadt Trieste. Sie ist der Endpunkt unserer letzten, der kürzesten Tour, die wiederum in Gorizia beginnt. In rascher Fahrt erreichen wir über Luccinico Villanova, wo neben dem gleichnamigen großen Weingut auch eine der Kuriositäten des italienischen Weingesetzes zu finden ist: Der nahe Monte Fortin gehört nämlich nicht zum Isonzo-Gebiet, das ihn vollständig einschließt, sondern zum entfernten Collio.

Auf den Namen Collio wie auf DOC-Bezeichnungen generell verzichtet ein Winzer, der vor allem zu Beginn der neunziger Jahre viel von sich reden machte, und der im Schatten dieses kleinen Berges arbeitet: Silvio Jermann. Einst nach Kanada ausgewandert, folgte er Mitte der achtziger Jahre doch dem Ruf der Familie, die ihre Erbfolge geregelt sehen wollte, und übernahm das Weingut mit solchem Elan, daß er innerhalb nur weniger Jahre zu den bekanntesten Namen des Friaul gehörte. Vor allem sein weißer Sortenverschnitt mit dem ungewöhnlichen Namen Vintage Tunina wurde in küzrester Zeit zu einer Art Legende.

Ungewöhnlich wie der Winzer und seine Art, alle Produkte als Tafelweine zu verkaufen, sind auch seine Weinnamen: "Where the dreams have no end ..." als Hommage an die Popgruppe U2 oder auch "Englewhite" zieren die geschmackvoll gestalteten Etiketten. Daß Jermann, wie manch einer seiner Kritiker glaubt, der Erfolg seither ein wenig zu Kopf gestiegen ist, hat der guten Qualität seiner Produkte zum Glück keinen Abbruch getan.

Über den Karst

In Gradisca überqueren wir den Isonzo und biegen nach wenigen hundert Metern in eine der kleinen, kurvenreichen Bergstraßen ein, die uns auf die Höhe des Karst bringt. Im Schatten des Monte San Michele betreibt Agostino Devetak sein populäres Restaurant, in dem es neben der schmackhaften Küche der Gegend auch eine hervorragende Selektion Friauler Weine zu verkosten gibt. Wer die Tour fortsetzen will, sollte den Weinkonsum allerdings einschränken, immerhin warten noch gut vierzig Kilometer enger, kurvenreicher Karststraßen.

Über Doberdò führt der Weg zunächst noch einmal hinunter zur Küste, denn die bis auf wenige Kilometer ans Meer gerückte slowenische Grenze erlaubt kein direktes Durchkommen. Erst in Sistiana geht es wieder in die Berge, und über Visogliano und Malchina erreichen wir San Pelagio, in dessen Ortsteil Prepotto der berühmteste Winzer des Karst zu Hause ist: Edi Kante, der einzige, der es in diesem schwierigen Umfeld überhaupt zu einer gewissen Bekanntheit gebracht hat. Das rauhe Klima, die kargen Böden, die Kleinparzellierung der Weinbauflächen und die Abgeschiedenheit der geographischen Lage haben den Weinbau des Carso-Gebiets in der Vergangenheit nicht eben verwöhnt.

Die besten Enoteche

Gruppo Viticoltori Corno di Rosazzo
Via Forum Juli
33040 Corno di Rosazzo
☎ 0432-759052

Kreditkarten
Enoteca Serenissima
Via Battisti
34072 Gradisca d'Isonzo
☎ 0482-99528
Fax 0482-99528
Geöffn. 10: 30 - 14 Uhr, 17 - 22:30 Uhr, Mo geschl.

Enoteca Cormòns
Palazzo Locatelli
Piazza XXIV Maggio, 21
34071 Cormòns
☎ 0481-630371

PKE 1, Kred
Enoteca Mauro
Fraz. Montegnacco
33019 Cassacco Tricesimo
☎ 0432-880000
Fax 0432-851643
Verkauf: 10:00 - 13:00, 17:00 - 20:00 Uhr, Ausschank: 17:00 - 3:00 Uhr, Di & Mi geschl.

Gran Malabar
Piazza San Giovanni
34100 Trieste
☎ 040-636226
Geöffn. täglich 6 - 2 Uhr, Sonntags erst nachm.

Die Protagonisten des Friaul *(von l. o.)*: Marco und Patrizia Felluga, Gianni Menotti, Familie Venica, Livio Felluga, Vittorio Puiatti, Mario Schiopetto.

Um so erstaunlicher ist, was Kante mit Talent und Beharrlichkeit aus seinen Trauben macht. Schon der Blick auf die Weinberge verrät die hohen Ansprüche des Winzers: Enggepflanzte Rebzeilen in Guyot-Erziehung und für italienische Verhältnisse fast skandalös niedrige Hektarerträge sind die Voraussetzung, um unter den gegebenen Verhältnissen wirklich qualitativ hochstehende Weine keltern zu können. In seinem spektakulären Kellerneubau setzt Kante alles daran, um die Originalität und den Charakter seiner Weine zu erhalten. Eine Kuriosität des Hauses für die das besonders gilt, ist der Wein aus der einheimischen Vitovska-Rebe, der für chardonnaygeprägte Gaumen vielleicht etwas gewöhnungsbedürftig ist, aber durchaus seinen eigenen, unverwechselbaren Charme entfalten kann.

Kaffeestadt mit Flair

Trieste, der Schlußpunkt dieser kleinen Reise, ist nicht mehr weit. Über die Hauptstraße, die wieder zur Küste hinuntersteigt oder über die kleinen Bergstraßen des Karst und Villa Opicina erreichen wir die quirlige, faszinierende Hafenstadt.

Eigentlich ist Trieste als einstiges Tor Österreich-Ungarns zum Meer ja eher Kaffeestadt, und die Verbundenheit der Triester mit dieser Vergangenhei geht soweit, daß sie einen der Erben der renommiertesten italienischen Kaffeerösterei zu ihrem Bürgermeister wählten. Als Brennpunkt österreich-ungarischer, slowenischer, wie italienischer Einflüsse besitzt die Stadt viele gastronomische Highlights, die auch einen längeren Aufenthalt nicht zur Durststrecke werden lassen.

Der verrückteste Ort, um Wein zu genießen, vielleicht sogar ganz Italiens, ist die Enoteca Gran Malabar. Von einem unermüdlichenen Weinfreak namens Valter geführt, der in der Weinwelt alles und jeden zu kennen scheint und mit seinem sintflutartigen Redeschwall auch die schüchternsten Zeitgenossen innerhalb kürzester Zeit zum Auftauen bringt, ist diese auf den ersten Blick so ganz gewöhnliche Kaffeebar zum Ort regelmäßiger Weinveranstaltungen geworden, bei denen die großen Namen der Weinwelt ihre Produkte vor

Majestätisch thront die Abbazia di Rosazzo über den Weinbergen der gleichnamigen Spitzenlage des Anbaugebiets Colli Orientali.

Die wichtigsten Erzeuger des restlichen Friaul

Le Fredis
Viale Grado 4, Fraz. Lauzacco
33050 Pavia di Udine
0432-675612
0432-675612
8 75.000
Besuch nach Vereinbarung

Ronco del Gelso
Via Isonzo, 117
34071 Cormòns
0481-61310
0481-61310
7,5 50.000
Besuch nach Vereinbarung

Kante
Loc. Prepotto, 3
34011 Duino-Aurisina
040-200761
040-200761
6 20.000
Besuch nach Vereinbarung

Masùt da Rive
Via Manzoni, 82
34070 Mariano del Friuli
0481-69200
0481-69200
10 40.000
Besuch nach Vereinbarung

Francesco Pecorari
Via Gavinana, 10
34070 San Lorenzo Isont.
0481-80105
0481-809592
22 140.000
Besuch nach Vereinbarung

Pierpaolo Pecorari
Via Tommaseo, 36/B
34070 San Lorenzo Isont.
0481-808775
0481-808775
10 45.000
Besuch nach Vereinbarung

manchmal Hunderten von Aficionados präsentieren. Mit Gläsern und Flaschen "bewaffnet", besetzen diese dann bei solchen Anlässen nicht selten die gesamte Piazza San Giovanni vor dem Lokal.

Der Westen und Norden

Das Herz des Friauler Weinbaus schlägt unbestreitbar im Osten, zwischen den Hügelketten der Voralpen und den Stränden der Adria, die das Ziel unserer vier Erkundungsfahrten waren. Kulinarische Genüsse und gute Weine gibt es allerdings auch in den anderen Landesteilen in Hülle und Fülle, und so bietet sich auch auf der Heimfahrt Richtung Norden oder Westen noch Gelegenheit zur einen oder anderen überraschenden Entdeckung.

Gastronomische Spitzenleistungen beispielsweise findet man schon in unmittelbarer Nähe von Udine, entlang der Autobahn Richtung Tolmezzo und Kärnten. In der Trattoria agli Amici in Godia, der ersten Ortschaft unserer Tour durch die Colli Orientali, oder der Enoteca Mauro in Cassacco bei Tricesimo wird Gastfreundschaft noch großgeschrieben, und die Weinkarten mit fast allem, was in Friaul und ganz Italien Rang und Namen hat, stünden auch hochpreisiger positionierten Restaurants gut zu Gesicht.

Grave gut, alles gut

Nur unweit von Tricesimo, in Colloredo di Monte Albano ist das wohl eleganteste der Friauler Toprestaurants zu Hause, das La Taverna, das zwar auch preislich "einsame Spitze" ist, aber eine für deutsche, österreichische oder Schweizer Verhältnis immer noch erstaunlich preisgünstige Weinauswahl bereithält. Wer wirklich einmal die größten Weine der Welt zu fast unglaublichen Preisen genießen will, der sollte allerdings nach Rive d'Arcano fahren, wo die Antica Bettola Da Marisa, was auf deutsch etwa so viel bedeutet wie "Der alte Schuppen von Marisa", zwar nur ein einziges Menü offeriert, dafür aber mit einer der spektakulärsten Weinkarten in weitem Umkreis belohnt. Nicht vergessen sollte man von hier aus einen Ausflug in die kleine Bergstadt San Daniele, die nicht nur für ihren hervorragenden Schinken bekannt ist, sondern auch noch durch eines der schönsten Panoramen der Region fasziniert.

Obwohl wir hier mitten im Grave-Gebiet sind, dessen Ruf mehr auf einfache Alltagsweine als auf Spitzengewächse gegründet ist, bieten doch einige der Weinbaubetriebe des westlichen Friaul durchaus interessante und wohlschmeckende Produkte an. In unmittelbarer Nähe von Udine, im südöstlichen Grave-Gebiet gehört dazu auch Valter Scarbolo mit seinem kleinen Weingut Le Fredis, der an der Straße nach Palmanova auch eine Mini-Taverne mit guter, einheimischer Küche betreibt.

Fast schon kalifornische Dimensionen trifft man dagegen auf den weiten Weinfeldern von Spilimbergo im Nordwesten des Friaul an, wo das Weingut Plozner beheimatet ist. Mit einer Reihe blitzsauberer Weine, aus denen der Chardonnay herausragt, straft der Betrieb schon seit Jahren den schlechten Ruf des Grave Lügen.

Wirklich zu Ende ist das Friaul dann bei Piergiovanni Pistoni auf dem Weingut Vigneti Le

Plozner
Via delle Prese, 19
Fraz. Barbeano
33097 Spilimbergo
0427-2902
0427-50509
60 600.000
Besuch nach Vereinbarung

Vie di Romans
Loc. Vie di Romans, 1 34070
Mariano del Friuli
0481-69600
0481-69600
16 100.000
Besuch nach Vereinbarung

Vigneti Le Monde
Via Garibaldi
Loc. Le Monde
33080 Prata di Pordenone
0434-626096
0434-626096
27 200.000
Besuch nach Vereinbarung

Monde in Prata di Pordenone. Wobei das gediegene Niveau seiner Gewächse – rote und weiße gleichermaßen – nicht wirklich überraschen muß. Immerhin kamen in den vergangenen Jahren auch aus dem benachbarten Piave-Gebiet, das ähnliche natürliche Bedingungen besitzt wie das westliche Grave-Gebiet, wunderschöne Rotweine, die sicher in den nächsten Jahren noch von sich reden machen werden. Aber ein Ausflug hierhin würde den Rahmen dieses Bändchens deutlich sprengen, und so heißt es Abschied nehmen vom Friaul, von der Region an der Grenze, der Region zwischen den Kulturen.

Weinland zwischen Karst und Adria

Das kleine Slowenien am südöstlichen Rand der Alpen wird von Italien, Österreich, Ungarn und Kroatien eingerahmt. Fast die Hälfte seiner Fläche besteht aus Wald, Wiesen, Ackerland oder Weinbergen, weshalb sich das Land auch stolz das "grüne Herz Europas" nennt. Von den mächtigen Alpengipfeln im Norden ziehen sich ausgedehnte Wälder nach Osten bis hin zum Pannonischen Becken. Weiter südwestlich schließt sich die charakteristische Landschaft des Karst an die Halbinsel Istrien an. Sie wird von Hügelketten abgelöst, deren fruchtbare Täler durch Rebterrassen und Weingärten aufgelockert sind. In klimatischer Hinsicht ist das dünn besiedelte Land genauso abwechslungsreich wie in landschaftlicher. Innerhalb nur etwa 200 Kilometer von ost-westlicher Ausdehnung machen sich alpine, mediterrane und pannonische (kontinentale) Klimaeinflüsse bemerkbar, die sich gegenseitig beeinflussen.

Die Weinbaugeschichte des Landes läßt sich mehr als 2.400 Jahre zurückverfolgen. Archäologische Funde beweisen, daß der Wein bereits den Kelten und lllyrern bekannt war. Erst unter der römischen Herrschaft blühte der Weinbau jedoch richtig auf. Nachdem im 6. Jh. die ersten Slawen aus den russischen Steppen eingewandert waren, kam die Weinkultur jedoch fast zum Erliegen. Erst mit der Christianisierung der slawischen Völker begann eine neue Aufwärtsentwicklung, die im 12. Jh. ihren Höhepunkt erreichte.

Wie fast überall in Europa hatten auch hier Klöster maßgeblichen Einfluß auf den Weinbau. Die ausgedehnten Wälder des slowenischen Hügellands mußten Rebanlagen weichen, was sogar in der Sprache Spuren hinterließ: Das Wort "gorica", einst Äquivalent für "bewaldeter Hügel", wandelte seine Bedeutung in jener Zeit zu "Weinberg". Im 13. Jh. wurde das erste Weinbergsrecht erlassen, das die Beziehungen zwischen Landbesitzern und Weinbergsarbeitern regelte.

Weinbauregion Europas

Auch Slowenien blieb nicht von der Reblausplage verschont; sie verbreitete sich von 1880 an und zwang viele der ruinierten Winzer, nach Amerika auszuwandern. Trotz vielfältiger Bemühungen konnte ein Großteil der damals aufgegebenen Weinbergsflächen auch in den Nachkriegsjahren nicht revitalisiert werden. Erst nach Gründung des Staates Slowen-

Daten und Fakten zum slowenischen Weinbau

Rebfläche: knapp 25.000 Hektar, davon 21.400 im Ertrag
Erträge: 30 bis 50 Hektoliter je Hektar
Weinproduktion: 0,80 bis 1,2 Millionen Hektoliter jährlich (Deutschland 9 bis 10 Millionen hl)
Weinbauregionen:
Podravje (an der Drau) ca. 9.500 Hektar, Posavje (an der Save) ca. 9.300 Hektar, Primorje (Slowenisches Küstenland), ca. 6.200 Hektar
Pro-Kopf-Verbrauch: 45 Liter im Jahr
Export: 8 bis 10 Prozent der Gesamtproduktion

Die wichtigsten Rebsorten im Slowenischen Küstenland

Anbaugebiet Brda: Rebula, Furlanski Tokaj, Beli Pinot, Sauvignon, Malvazija, Sivi Pinot, Chardonnay, Merlot, Cabernet Sauvignon, Modri Pinot, Rumeni Muškat
Anbaugebiet Vipava: Rebula, Malvazija, Merlot, Cabernet Sauvignon, Laški Rizling, Sauvignon, Beli Pinot, Chardonnay, Barbera, Furlanski Tokaj, Modri Pinot, Pinela, Zelen
Anbaugebiet Kras: Refošk, Malvazija, Rebula, Laški Rizling, Beli Pinot, Chardonnay, Sauvignon, Merlot, Cabernet Sauvignon
Anbaugebiet Koper: Malvazija, Refošk, Beli Pinot, Chardonnay, Merlot, Cabernet Sauvignon, Cabernet franc, Sivi Pinot, Rumeni Muškat

Die slowenischen Namen bekannter Rebsorten

Rebula – Ribolla gialla, **Furlanski Tokaj** – Tocai friulano, **Beli Pinot** – Weißburgunder, **Malvazija** – Malvasia istriana, **Sivi Pinot** – Grauburgunder, **Modri Pinot** – Spätburgunder, **Rumeni Muškat** – Goldmuskateller, **Laški Rizling** – Welschriesling, **Refošk** – Refosco

ien 1991 begann man mit der Neuanlage von Weinbergen, eine Tendenz, die sich in Erwartung der EU-Mitgliedschaft des Landes weiter verstärkt hat.

Die Kirche von Šmarje im Kras-Gebiet.

Das Weingesetz wurde von französischen, italienischen und deutschen Einflüssen geprägt. Reinsortige Weine werden meist mit dem Rebsortennamen bezeichnet, während bei Verschnitten geographische Herkunftsbezeichnungen verwendet werden. Die Prädikatsbezeichnungen sind der deutschen Systematik entlehnt (Spätlese, Auslese usw.), Lagennamen tauchen dagegen nur selten auf den Etiketten auf. Insgesamt entfallen etwa zwei Drittel der Produktion auf Qualitäts- und Prädikatsweine, das restliche Drittel wird als Tafelwein vermarktet. Seit rund zwanzig Jahren wird, wie in den benachbarten Weinbauländern, der Wein auch in Barriquefässern ausgebaut, wobei diese vor allem für die internationalen Sorten Merlot, Cabernet Sauvignon, Chardonnay und Sauvignon blanc Verwendung finden.

Sloweniens Rebflächen sind in drei Regionen unterteilt, diese wiederum in verschiedene Weinbaugebiete. Das Slowenische Küstenland, die Weinregion Primorje – auch Primorska genannt – erstreckt sihc dabei nur zum kleineren Teil – im Weinbaugebiet Koper – tatsächlich bis zur Adria. Nach Norden hin schließen sich die Gebiete Kras, Vipava und Brda an, die allesamt die italienische Grenze berühren und sich – unter anderen Namen – im benachbarten Friaul fortsetzen.

Gemeinsam ist allen Teilregionen das milde Adriaklima, das allerdings häufig von pannonischen Luftströmungen gestört wird, die sich hier zu einem starken Nordostwind bündeln – der Bora. Der trockene und bis zu -25 °C kalte Wind, der im Sommer eher schwach bläst, im Herbst, Winter und Frühjahr aber um so mehr gefürchtet ist, kann Geschwindigkeiten von bis zu 200 Stundenkilometern erreichen.

Die Görzer Hügel

Das Anbaugebiet Goriška Brda – deutsch: Görzer Hügel – ist die Fortsetzung des Friauler Collio auf slowenischem Boden. Die malerische Weinregion im äußersten Westen des Landes

liegt zwischen dem Fluß Soca, dem italienischen Isonzo, und der Grenze zu Italien und ist etwa doppelt so groß wie ihr italienisches Pendant.
Das milde Klima und die Mergelböden des Gebiets bilden günstige Voraussetzungen für den Wein- und Obstbau, deren – neuerdings auch durch Olivenbäume bereicherte – Mischkulturen den Reiz dieser Landschaft ausmachen. Die Kirschen des Brda-Gebiets waren übrigens bereits am Wiener Hof bekannt und der Ruf derWeine reichte sogar noch weiter.

Das Schloß von Dobrovo beherrscht mit seinen vier markanten Türmen das Weinbaugebiet Brda im Grenzland zum italienischen Friaul.

In den vergangenen Jahren hat der Weinbau der Gegend – vergleichbar mit dem des benachbarten Collio – einen raschen Aufschwung erlebt. Neue Erziehungsformen im Weinberg, temperaturgesteuerte Gärführung und Barriqueausbau setzten sich auch hier durch. Dafür, daß die Weine qualitativ nur noch wenig hinter den Collio-Gewächsen zurückstehen, sorgten insbesondere die in den achtziger und neunziger Jahren auf den Markt drängenden Privatbetriebe mit eigenen Flaschenfüllungen.

Viele Winzer sowohl des Brda- wie auch des Collio-Gebiets kultivieren Reben beiderseits der Grenzen, und der Erfahrungsaustausch zwischen ihnen hat sich in letzter Zeit intensiviert. Nicht umsonst betrachten einige der Friauler Winzer ihre Weinberge im slowenischen Teil der Region als ihre eigentlichen Spitzenlagen. Bei allen Unterschieden, die nach wie vor in Weinbergs- und Kellerarbeit bestehen, teilen beide Seiten dasselbe Ziel: die qualitative Verbesserung ihrer Produkte.

Zur Erkundung der Brda-Weine bietet sich eine Radtour an. Startpunkt ist Venco, ein kleines Weindorf im Collio nahe der slowenischen Grenze. Nach dem Passieren der Grenze führt der Weg durch das Tal des Reka an den verstreuten Höfen von Neblo vorbei. Immer wieder öffnen sich auf der Fahrt Richtung Dobrovo linker Hand kleine Seitentäler, deren Hänge mit Weinreben bestockt sind.

Im Herzen des Brda-Gebiets

Schon von weitem ist das Schloß Dobrovo mit seinen vier Ecktürmen zu erkennen. Hier lockt nicht nur ein Schloßrestaurant, wo man in gepflegter Atmosphäre speisen kann, sondern auch eine Vinothek mit umfangreichem Angebot der Weine umliegender Privatgüter. In den beiden oberen Stockwerken des venezianischen Renaissancebaus aus dem 17. Jh. sind Werke des in Paris lebenden slowenischen Malers Zoran Mušic zu sehen.

Bevor die Fahrt fortgesetzt wird, sollte man unbedingt den Blick von der Schloßterrasse genießen. Hier wie auch auf den folgenden Kilometern der Tour breitet sich die Landschaft des Brda-Gebiets in voller Schönheit vor den Augen des Besuchers aus.

Jetzt gilt es, die Zähne zusammenzubeißen: Bis zum nächsten Ort, Medana, ist ein Höhenunterschied von 50 Metern zu überwinden. Auf dem Kirchplatz zeigt eine Orientierungstafel die Lage der wichtigsten Weinbaubetriebe der Gegend und den weiteren Routenverlauf. Ein empfehlenswerter Zwischenstopp ist das Gasthaus Buzinel, das zu den besten Restaurants Sloweniens gezählt wird. In einer kleinen Seitenstraße liegt Dušan Kristancics Weingut, gegenüber bietet die Familie Belica-Mavric landwirtschaftliche Produkte aus eigener Erzeugung an – zwei lohnende Etappen der Tour.

Auf der weiteren Strecke wird das Radeln wieder etwas leichter, denn bis Ceglo geht es fast ständig leicht bergab. Kurz vor dem Ortseingang gabelt sich der Weg nach Plešivo, der Heimat des Winzers Stojan Šcurek. Die kleine Gemeinde Ceglo ist eine der Hochburgen des slowenischen Spitzenweinbaus, dessen interessanteste Protagonisten im nächsten Kapitel vorgestellt werden.

Bei der folgenden steilen Abfahrt ins Tal des Oblenc sollte man keinesfalls versäumen, noch einmal nach Ceglo zurückzuschauen. Wie eine Trutzburg thront dort eine gewaltige Anlage über den Reben: das Weingut Movia und die nahtlos daran anschließende Vila Marija mit ihrer rosa Fassade als schönem Blickfang. Von der Brücke über den selbst in heißen Sommern nicht austrocknenden Oblenc aus führt ein Weg zu einer riesigen Trauerweide, in deren Schatten sich wunderbar rasten läßt.

Wer noch Zeit und Lust – vor allem auch Kraft – hat, der kann von hier aus einen Abstecher nach Vipolze machen. Die nach venezianischem Vorbild erbaute Aristokratenvilla, deren älteste Teile aus dem 17. Jh. stammen, ist wirklich sehenswert und läßt den steilen, etwa einen Kilometer langen Anstieg schnell vergessen. Von hier aus geht es dann in stetigem, leichtem Anstieg nach Dobrovo und an den Ausgangspunkt der Tour zurück.

Die Weine der Vipava

Das Anbaugebiet Vipava beginnt südlich der Stadt Nova Gorica an den Ufern des Flusses, nach dem es benannt ist. Von hier aus zieht es sich in einem sich allmählich verjüngenden Streifen bis zum gleichnamigen Städtchen am Fuße des Nanos-Gebirges, das sich wie ein Riegel in das reizvolle Tal schiebt. An den unteren Berghängen, auf den Hügeln im Tal selbst und in der Ebene breiten sich große Rebflächen aus, die gelegentlich mit Obstplantagen, Gemüsefeldern oder saftigen Wiesen durchsetzt sind. Einige der Einzellagen des Gebiets wie Loze, Zemono, Slap, Branik, Mandrija oder die Hügel Biljenski Grici liefern hervorragende Traubenqualitäten.

Die Schönheit der Natur im Verein mit Schlössern, Burgruinen und Kirchen sowie den schmukken Dörfern machen den Landstrich wirklich sehenswert. Bei der Dorfarchitektur hatte die stür-

Die Landschaften des friaulischen Collio und des slowenischen Brda ähneln sich zum Verwechseln.

mische Bora ein Wörtchen mitzureden. Um dem Wind besser trotzen zu können, ducken sich die Häuser meist dichtgedrängt vor schützenden, steilabfallenden Bergrücken oder Hügeln. Auf den Dächern liegen große Steine, mit denen die Hohlziegel beschwert sind, und vor manch altem Gebäude dient eine Steinmauer als Windbrecher. Die Gastronomie hat sich in den letzten Jahren ähnlich gut entwickelt wie der Weinbau, so daß an Gaststätten und Bauernhöfen, in denen die traditionelle Küche zusammen mit den Weinen probiert werden kann, kein Mangel herrscht.

Weinstraßen im Slowenischen Küstenland

Brda: Venco (im Collio) - Neblo - Dobrovo - Šmartno - Kojsko - Hum - Cerovo - Ceglo -Medana - Dobrovo
Vipava: Bilje (an der Vipava, südlich von Šempeter) - Bukovica - Rence - Dornberk - Branik - Brje - Šmarje - Ajdovšcina - Vipava
Kras: Sezana - Dutovlje - Krajna Vas - Gorjansko - Komen - Štanjel
Koper: Koper - Vanganel - Marezige - Šmarje - Dragonja (kroatische Grenze) - Korte - Izola

Karstiges Rebland

Die beiden Friauler Weinbaugebiete Isonzo und Carso finden ihre Fortsetzung in östlicher Richtung im slowenischen Anbaugebiet Kras. Das im Deutschen als Karst bezeichnete Hochplateau Kraska planota ist eindrucksvoll. Zahlreiche kleine und größere Höhlen, etliche von ihnen für Besucher zugänglich, prägen diesen teilweise sehr kargen, wasserarmen Landstrich. Kalkhaltige, rote Erde bedeckt das poröse Gestein, das die eigentliche Besonderheit des Karsts darstellt.

Beim Durchstreifen des Geländes stößt man fast überall auf sonderbar kantige Kalkbrocken, die mit wie von Geisterhand gebohrten Löchern übersät sind. Generationen von Bauern haben diese Steine aus ihren kargen Feldern geklaubt und zu kleinen Steinwällen aufgeschichtet, die heute Weidezäune für das Vieh ersetzen. Auch für den eigentümlichen Charakter des Weines, die regionale Spezialität Kraški Teran, ist dieses weißgraue Gestein verantwortlich. "Wenn immer gelobt wird, daß unsere Weine so reich an Mineralien sind", vermuten viele Winzer, "dann liegt das an diesem Stein."

Wahrscheinlich wird bereits seit zweitausend Jahren auf der Karster Hochebene Weinbau betrieben. Die Reblandschaft wird von einer alten roten Rebsorte beherrscht, dem Refošk, der im benachbarten Friaul Refosco heißt. Ihm können weder die im Winter oft tageland tobende Bora noch die Spätfröste etwas anhaben, die in der Region so häufig auftreten, so perfekt hat die Rebe sich im Laufe der Zeit an das rauhe Klima angepaßt.

Die wichtigsten Weinbaubetriebe und Kellereien

Ivan Batic
5261 Šempas 130
065-48676
tägl. geöffn.

Sektkellerei Bjana - Miran Sirk
Biljana 38, 5212 Dobrovo
065-45076
Besuch nach Vereinbarung

Boris Bordon
6271 Dekani 63
066-580448

Elvis Buzinel
Plešivo 37, 5212 Dobrovo
065-45082
Angeschlossenes Gasthaus
Besuch nach Vereinbarung

Branko & Vasja Cotar
Gorjansko 18, 6623 Komen
067-78228 & 78023
Besuch nach Vereinbarung

Dolfo - Marko Skocaj
Ceglo 3/a, 5212 Dobrovo
065-45391
tägl. geöffn.

Anton & Aleksij Erzetic
Visnjevik 25, 5212 Dobrovo

Weinkellerei Goriška Brda
Zadruzna cesta 9
5212 Dobrovo
065-45020 45022
Mo - Sa 8:00 - 17:00 Uhr

Wo der Wind noch durch glaslose Dachluken alter Häuser streichen kann, hilft er bei der Produktion einer kulinarischen Besonderheit dieses Landstrichs, des in ganz Slowenien geschätzten, luftgetrockneten Karstschinkens, der hier Pršut genannt wird.

Wein am Meer

Nur ein schmaler Küstenstreifen von etwa 46 Kilometer Länge erlaubt den Slowenen den direkten Zugang zum Meer. Südlich der italienischen Hafenstadt Triest, zwischen dem Badeort Ankaran und den sehenswerten Salzfeldern von Secovlje, liegt am nördlichen Ufer der Halbinsel Istrien die Stadt Koper, das italienische Capodistria, nach der auch das letzte Weinbaugebiet der Gegend benannt ist.

Die Weinfelder von Koper reichen an manchen Stellen unmittelbar bis ans Meer heran. Im Hinterland der Küste breitet sich eine sanft gewellte Landschaft aus, die durch von Bächen zerfurchte Hügel und vereinzelte kleine Dörfer geprägt wird. Auf langgezogenen Hängen und tausendjährigen, befestigten Terrassen, auf denen sich die fruchtbare Erde gehalten hat, gedeiht neben Oliven, Obst und Gemüse auch die Rebe. Die besten Einzellagen des Gebiets heißen Purissima, Labor und Marezige, und auch hier ist wie im Karst der Refošk die dominierende Rebsorte.

Tradition und Fortschritt

Der Weinbau des Slowenischen Küstenlands spannt sich in einem Bogen vom Brda-Gebiet im Norden über den Karst bis an die Adriaküste im Süden. Die Einreise im nördlichsten der Anbaugebiete ist nur am Grenzübergang Venco nördlich von Cormòns im Friaul möglich. Von hier aus sind es nur wenige Kilometer bis nach Dobrovo, der Hauptgemeinde des Gebiets. Direkt am Ortseingang liegen die Gebäude der Genossenschaft Goriska Brda mit ihrem Verkaufsladen, in dem die Weine des Betriebs auch verkostet werden können.

Die Ursprünge der über 100 Jahre alten Kellerei befinden sich allerdings nicht hier, sondern im Schloß der Gemeinde. Zur Erinnerung an den einstigen Schloßherrn, Graf Silverio de Baguer, kommen die besten Weine der Kellerei als Prestige-Linie "Bagueri" in den Handel. Sämtliche Produkte von Goriska Brda mit Ausnahme einer kleinen Serie süßer Spezialitäten aus den einheimischen Rebsorten Verduc und Pikolit – im Friaul Verduzzo und Picolit – sind trocken ausgebaut. Mit dem Bau der heutigen Kelleranlagen im Jahre 1957 wurden auch riesige Lagerräume für größere Mengen von Archivweinen eingerichtet, die meist erst nach 20 oder 30 Jahren in den Verkauf gelangen – derzeit sind es die Weine der sechziger Jahre.

In den Hügeln von Brda

In unmittelbarer Nähe von Dobrovo liegt die kleine Weinbaugemeinde Biljana, die das älteste Gebäude des Brda-Gebiets, einen viereckigen Turm aus dem 13. Jahrhundert, ihr eigen nennen kann. Hier baute Miran Sirk gemeinsam mit seinem Vater Milan einen 400 Jahre alten Keller aus und gründete 1991 die Sektkellerei

Boris Lisjak
6221 Dutovlje 31
☎ 067-64063 Fax 64357
Besuch nach Vereinbarung

Kabaj - J.-M. Morel
Šlovrenc 4, 5212 Dobrovo
☎ 065-45209

D. Kristancic
Medana 29, 5212 Dobrovo
☎ 065-45088
Besuch nach Vereinbarung

Marjan Licen
5295 Branik 126
☎ 065-57014
Besuch nach Vereinbarung

Radivoj Lisjak
Zalošce 62, 5294 Dornberk
☎ 065-56487
Besuch nach Vereinbarung

Valter Mlecnic
Bukovica 31
5293 Volcja Draga
☎ 065-553631
Besuch nach Vereinbarung

Weingut Movia - Aleš Kristancic
Ceglo 18, 5212 Dobrovo
☎ 065-45323 Fax 45323
Besuch nach Vereinbarung

Weingut Stojan Šcurek
Plešivo 44, 5212 Dobrovo
☎ 065-45021 Fax 45021
Zimmer im Weingut
Mo - Sa 8:00 - 18:00 Uhr

Weingut Marjan Simcic
Ceglo 3/b, 5212 Dobrovo
☎ 065-42200 Fax 42200
Mo - Fr 8:00 - 19:00

Edvin Širca
Godnje 19, 6221 Dutovlje
067-64632
Besuch nach Vereinbarung

Primoz Stoka
Krajna Vas 32
6221 Dutovlje
067-64327
Besuch nach Vereinbarung

Weinkellerei Vinakras
Sejmiška cesta 1/a
6210 Sezana
067-31511
067-300655
Mo - Fr 8:00 - 17:00 Uhr,
Sa 8:00 - 12:00 Uhr

Vinakoper
Šmarska cesta 1
6000 Koper
066-33733 33768
Mo - Fr 8:30 - 19:00 Uhr,
Sa 8:00 - 13:00 Uhr

Agroind Vipava 1894
Vinarska cesta 5
5271 Vipava
065-16710
065-1671208
Di - So 12:00 - 23:00 Uhr,
Mo 9:00 - 15:00 Uhr
Verkauf in der Vinothek

Bjana, deren Name sich von der mundartlichen Aussprache des Ortsnamens ableitet.

Sirk ist der einzige Winzer im Brda-Gebiet, der nahezu seine gesamte Produktion zu Schaumwein verarbeitet und diesen im klassischen Flaschengärverfahren herstellt. Für die weißen Brut-Sekte verschneidet er zum einen die einheimische Rebula – die italienische Sorte Ribolla – mit Chardonnay, zum anderen weißgekelterten Spätburgunder mit Weißburgunder. Den roten Sekt gewinnt er ebenfalls aus Spätburgunder-Trauben. Alle Produkte liegen mindestens 18 Monate auf der Hefe, die manuell abgerüttelt wird. Als Spezialität läßt Sirk einen Chardonnay sechs Monate lang im Barrique und den Sekt dann weitere 36 Monate auf der Hefe reifen, um ihn dann als Prestige-Cuvée anzubieten.

Am Ortsrand von Dobrovo führt eine kleine Stichstraße nach Šlovrenc. Hier führt Jean-Michel Morel, ein gebürtiger Franzose, der nach der Ausbildung im benachbarten Collio in die Familie Kabaj einheiratete, heute das alte Familienweingut. Auf den Terrassen des Ortes dominiert der Tokaj, der sich bei Morel durch sein besonders feines Bukett und den ausgeprägten Sortenton auszeichnet und den guten Ruf begründete, den der junge Winzer genießt.

Südlich von Dobrovo liegt Medana, eine kleine Weinbaugemeinde, in der Dusan Kristancic zu Hause ist. Kristancic bewirtschaftet sein Weingut bereits seit etwa zehn Jahren und weitete in dieser Zeit die Rebfläche auf 15 Hektar aus. Inzwischen arbeiten auch Kristancics Sohn und Tochter, die beide den Winzerberuf erlernen, im Betrieb mit. Insbesondere aus den Burgundersorten produziert die Familie elegante Weine, deren Charakter von der kühlen Gärführung unter Verwendung von Reinzuchthefen geprägt wird. Kristancics Ziel sind besonders frische und sortentypische Weine, weshalb er seine

Moste nicht aufzuckert und auch keinen Säureabbau zuläßt. Der bunte Pfau auf den Etiketten des Gutes soll nach den Worten des Winzers die Schönheit und Reinheit der Natur und der Weine des Betriebs symbolisieren. Daß sein Konzept aufgeht, beweist selbst der Schoppenwein des Betriebs mit dem Namen "To je Medana", das ist Medana – ein angenehmes, süffiges Produkt.

Nur zwei Kilometer südlich von Medana liegt, nahe der Grenze zu Italien, die allerdings hier nur von Einheimischen, nicht von Touristen passiert werden darf, der kleine Ort Ceglo. Viele Winzer der Gegend bewirtschaften Rebflächen

Das Dorf Staniel im Anbaugebiet Kras - rauh und zerklüftet wie die Karstlandschaft, in der es liegt.

beiderseits der Grenze, im Brda- und im Collio-Gebiet. Zu ihnen gehört auch Aleš Kristancic, der einen der größten Privatbetriebe nicht nur seines Anbaugebiets, sondern ganz Sloweniens leitet.

Der Motor des Brda-Gebiets

Das bereits 1820 gegründete Weingut Movia war immer in privater Hand. Selbst in den schwierigen Zeiten der vergangenen jugoslawischen Union vermarktete Vater Mirko seine Weine selbst. Schon damals waren die Weine so gut, daß sie sogar in Regierungskreisen geschätzt wurden. Seinen reichen Erfahrungsschatz gab Mirko im Laufe der Jahre an Sohn Aleš weiter, der heute im Keller das Sagen hat, während sein Vater die Reben in den reichlich 17 Hektar Weinbergen akribisch pflegt. Aleš genoß vor dem Einstieg in den väterlichen Betrieb eine exzellente Ausbildung, wobei er auch in Bordeaux und Burgund "die Keller putzte", wie er scherzhaft erzählt. Hier lernte er die Gärführung und den Ausbau von Weiß- und Rotweinen in alten und neuen Holzfässern.

Kristancic junior ist heute Herr über 550 Barriquefässer, die vorwiegend bei Merlot, Spätburgunder, Cabernet Sauvigon und Chardonnay zum Einsatz kommen. Diese Barrique-Weine stammen von mehr als 25 Jahre alten Reben, lagern je nach Sorte ein bis vier Jahre im Holz und danach noch eine gewisse Zeit in der Flasche. Das Resultat sind kraftvolle und langlebige Weine, die unter dem Gutsnamen Movia, mit schwarzen Etiketten ausgestattet, vermarktet werden. Dagegen kommen die fruchtigen Weine der jüngeren Rebanlagen, die im Edelstahltank ausgebaut werden, unter der Bezeichnung Vila Marija auf den Markt.

Versäumen sollte man beim Besuch Kristancics keinesfalls, den Strohwein zu probieren, der den für deutsche Weinfreunde etwas paradox klingenden Namen Izbrani Plodovi trägt, was soviel wie Beerenauslese heißt. Die Trauben für diesen Wein werden bis kurz vor Ostern auf Korbmatten getrocknet, und der Wein reift nach dem Keltern mehrere Jahre im Holzfaß und in der Flasche. Auch im Marketing ist Aleš Kristancic aktiv und überrascht ständig mit neuen Ideen. Für die nahe Zukunft plant er den Bau von Fremdenzimmern und die Einrichtung eines kleinen Campingplatzes inmitten der Reben.

Schwarz wie die Etiketten von Movia ist auch im Familiengut der Simcics in Ceglo fast alles – von den Etiketten über die Weinflaschen bis hin zur Kleidung und den ungebändigten Haaren von Marjan Simcic, der zusammen mit Vater Salko den Betrieb führt. Die Familie bewirtschaftet etwa zehn Hektar Rebfläche, die allerdings zum überwiegenden Teil im benachbarten Collio liegt. Die besten Weine des Gutes sind die reintönigen Chardonnays, Weiß- und Grauburgunder, während bei den Roten vor allem der Cabernet Sauvignon empfehlenswert ist. Simcics Kellertechnik ist sowohl traditionell als auch modern ausgerichtet: Neue und gebrauchte Barriques verschiedenster Herkunft kommen für die roten und auch die voll ausgereiften Chardonnaytrauben zum Einsatz. Alle anderen Weine gären langsam in wassergekühlten Edel-stahltanks. Spezialität des Hauses ist ein Verschnitt aus Rebula und Gelbem Muskateller von spätgelesenen, überreifen Trauben zu einem vollaromatischen Gewächs namens Matias.

Aufsehenerregende Etiketten

Ebenfalls in Ceglo ist Marko Skocaj ansässig, der sein Weingut nach dem Spitznamen seines Großvaters Rudolf "Dolfo" genannt hat. Auch er gehört wie die meisten Winzer in Ceglo zu den Grenzgängern mit Rebflächen im Collio- und im Brda-Gebiet. Seine beiden frischfruchtigen Weißen aus Burgundersorten entstehen im Edelstahltank, während die Merlot- und Chardonnay-Weine je nach Qualität der Trauben bis zu zwei Jahre im Barriquefaß reifen. Marko übernahm das Familiengut 1991 und wurde bereits ein Jahr später als bester slowenischer Winzer ausgezeichnet. Innovationsfreudigkeit beweist er auch mit seinen umstrittenen Etiketten.

Die wichtigsten Begriffe des slowenischen Weingesetzes

Arhivsko vino – Archivwein
Bijelo, belo – Weißwein
Crno, rdece – Rotwein
Cuveno vino – Qualitätsstufe, Prädikatswein
Izbor – Auslese
Jagodni izbor – Beerenauslese
Kakovostno vino – Qualitätswein
Kontrolirano geografsko poreklo – kontrollierte Herkunftsbezeichung
Lastna trgatev in polnitev – Erzeugerabfüllung
Ledeno vino – Eiswein
Lega – Lage
Letnik – Jahrgang
Mlado vino – Primeur, neuer Wein
na posestvu – im Gut
Namizno vino – Tafelwein
Penece vino – Schaumwein
polsladko – halbsüß
polsuho – halbtrocken
posebno vino – besonderer Wein
Pozna trgatev – Spätlese
pridelano in polnjeno (proizvaja in polni) – produziert und gefüllt
prirodno – biologisch
Priznano geografsko poreklo – geographische Herkunft
punjeno u – abgefüllt von
Reg. Št. – Prüfnummer
Ruzica – Rosé
sladko – süß
Suhi jagodni izbor – Trockenbeerenauslese
suho – trocken
Vinorodni okoliš – Anbaugebiet
Vrhunsko vino – Spitzenwein
zelo suho – brut

Slowenische Etiketten

Die Etiketten slowenischer Weine müssen folgende Bezeichnungen enthalten: Firmenname, Qualitätsstufe, Weinname, Herkunftsbezeichnung, Alkoholgehalt, Jahrgang, Geschmackstypus, Volumen, Füllnummer, Amtliche Prüfnummer. Die Sortenangabe ist nicht obligatorisch.

Empfehlenswerte Hotels, Pensionen und Restaurants

14 🛏 70 (+ 40) 🪑
Hotel - Restaurant 25. Maj
Trg 25. Maja 10
5212 Dobrovo
☎ 065-45056 Fax 45056
Einfaches Hotel mit ansprechender Ausstattung

50 (+ 110) 🪑 🛏
Restaurant Dvorec Vogrsko
Vogrsko 46
5293 Volcja Draga
☎ 065-552233
Restaurant in französischem Stil, Schloßambiente, gemütliche Zimmer unter dem Dach
Mi - So 12:00 - 22:00 Uhr, ganzjährig geöffn.

50 (+ 30) 🪑
Restaurant & Enoteka Grad Dobrovo
Grajska cesta 10
5212 Dobrovo
☎ 065-45750 Fax 45750
Stilvolles Ambiente im Schloß
Spezialistät: gebratener Pršut in Weinsauce
Di - So 12:00 - 15:00 Uhr
Enoteka: Di - So 12:00 - 22:00 Uhr
Historisches Museum: Mi - So 12:00 - 18:00 Uhr

36 (+ 30) 🪑 18 🛏
Restaurant Kocjan
Šmarje 79, 6210 Sezana
☎ 067-72359 Fax 72359
Restaurant im Landhausstil, Spezialitäten: frischer Meeresfisch und Meeresfrüchte, keine Speisekarte
Do - Mo 11:00 - 22:00 Uhr, 2 Wochen Jul & Aug geschl.

Auf halbem Wege zwischen Medana und Ceglo zweigt die Straße nach Plešivo von der Hauptstraße ab. Hier lebt, im Kreis seiner großen Familie, Stojan Šcurek, der zweifelsohne eine der bekanntesten Winzerpersönlich-keiten des Gebiets ist. Der traditionsbewußte, aber auch Neuerungen gegenüber aufgeschlossene Weinmacher führt das alte Weingut der Familie, dessen Name Grille bedeutet.

Besagtes Tier ziert auch – zusammen mit einer Geige – jedes seiner Weinetiketten. Natur und Lebensfreude, die beide den Winzer symbolisieren, sind überall da präsent, wo Šcurek mit seinen Weinen auftaucht. In seiner Produktpalette dominieren die Weißweine aus Burgundersorten; daneben kultiviert er seit einiger Zeit auf seinen Weinbergen im Collio wieder intensiver Ribolla. Šcureks fruchtige, sortentypische Weine entstehen hauptsächlich im Stahltank. Zu respektablen Spezialitäten haben sich aber auch die weiße und die rote Cuvée mit Namen Stara Brajda, auf deutsch "alte Pergola", gemausert, deren Trauben von 20 bis 40 Jahre alten Stöcken seltener, einheimischer Reben stammen und die ihren letzten Schliff während der bis zu zwei Jahre dauernden Reife im Barrique erhalten.

Gemeinsam ist allen Weinbaubetrieben der Region die sprichwörtliche Gastfreundschaft. Auf Entdeckungsreise im Brda kann man deshalb nicht nur die landschaftlichen Schönheiten und gute Weine schätzen lernen, sondern auch rasch mit den freundlichen und hilfsbereiten Menschen in Kontakt kommen; fast alle sprechen Italienisch, viele auch Englisch. Auf diesem Fleckchen Erde kommt man als Gast und geht als Freund.

Entdeckungen an Soca und Vipava

Wer aus dem Weinbaugebiet Brda Richtung Österreich fahren will, sollte den Weg durch das wildromantische Socatal wählen. Die Route führt von Ceglo aus, noch bevor das Tal erreicht ist, auf der Weinstraße des Brda über Cerovo, Hum und Kojsko nach Gonjace. Hier bietet der Aussichtsturm von Mejnik einen großartigen Rundblick von den Julischen Alpen bis ins benachbarte Collio. Nach dem Überqueren des Vrhovlje-Passes gelangt man ins Socatal und zur Straße von Nova Gorica in die Julischen Alpen.

Auf einer Strecke von reichlich 50 Kilometern öffnet sich immer wieder der Blick hinunter zum manchmal tief im Tal tosenden, dann wieder breit zwischen den Steinbrocken dahinplätschernden Fluß. An ihrem Oberlauf bei Bovec hat die Soca tiefe Schluchten in den Fels gefressen und so ein Paradies für Kajak- und Raftingfreunde geschaffen.

Nova Gorica ist die slowenische Schwesterstadt des italienischen Gorizia, zu Zeiten des österreichischen Imperiums Görz genannt. Hier und in der im Süden angrenzenden Stadt Šempeter gibt es jeweils einen internationalen Übergang vom Friaul ins slowenische Vipavatal. Die zahlreichen Casinos in Nova Gorica lokken vor allem Italiener zum Spiel. Weinfreunde starten von hier aus ihre Entdeckungsreise zu den Winzern des Weinbaugebiets, das hinter der Grenze beginnt. Beide Übergänge sind Ausgangspunkt zu reizvollen Touren: Die erste führt am Fuße des steil abfallenden Waldes von Trnovo in Richtung Šempas, die zweite in südlicher Richtung über Šempeter nach Dornberk.

315
Hotel Maestoso
Lipica 5, Sezana
067-31009 72818
lipica@siol.net
Hotel mit internationalem Flair, Nachtclub, Spielcasino, Reiten, Kutschfahrten, Golf, Tennis, Galerie, Fahrradverleih
ganzjährig geöffn.

30
Restaurant Neptun
Zupanciceva cesta 7
6300 Piran
066-746100
Sauberes kleines Restaurant
Spezialitäten: Scampisuppe, Carpaccio, Seebarsch
Mo - So 11:00 - 23:00 Uhr, ganzjährig geöffn.

210 63
Hotel Perla
Kidriceva cesta 7
5000 Nova Gorica
065-12630 28886
www.hit.si
Hotel mit gehobener Ausstattung, Sauna, Pool, größtes Casino Sloweniens, französisches Restaurant
24. 12. geschl.

255
Hotel Zusterna
Istrska cesta 67, 6000 Koper
066-284385
Einfaches, aber gepflegtes Hotel
Nov - März geschl.

Hommage an Karantanien

Šempas ist ein Weinort mit kleinen, dicht aneinander geschmiegten Häusern. An der Hauptstraße liegt das Weingut von Ivan Batic, wo ein schöner, geräumiger Innenhof mit Rebenspalier, einer alten Baumkelter und einer gemütlichen Sitzecke zum Verweilen einlädt. Hier wird großer Wert auf Traditions- und Naturverbundenheit gelegt. Das verraten bereits das Etikett und die Anhänger an den sonderbar kegelförmigen und leicht gewellten Flaschen Batics, auf denen ein

Traditionelle Rebanlagen beherrschen oft noch die Szenerie im Weinbaugebiet Vipava.

schwarzer Panther prangt – das Wappentier Karantaniens, des slowenischen Fürstentums im 7. Jh, das aber auch zum Gefolge des Weingottes Dionysos gehört, womit die Verbindung zum Wein hergestellt ist.

Batic arbeitet nach ökologischen Gesichtspunkten und kommt bei der Arbeit im Weinberg wie im Keller nahezu ohne chemische Hilfsmittel aus. Mit seinen exzellenten Weinen beweist er, daß man auch mit naturnahem Wirtschaften – bei anderen Winzern heftig umstritten – durchaus international anerkannte Qualitätsprodukte herstellen kann. Die Weine aus Grauburgunder, Chardonnay und Sauvignon reifen rund ein Jahr in Barriquefässern, die – aus Gründen des sparsameren Holzverbrauchs – mehrfach befüllt werden. Auf diese Weise bleiben sie sortentypisch und feinfruchtig und sind bereits nach zwei Jahren trinkreif.

Die Alternativroute ins Vipavatal beginnt ebenfalls nahe der italienischen Grenze. Wo der Fluß mäanderförmig zum Isonzo fließt, breiten sich die flachen, vollständig mit Rebkulturen bedeckten Biljer Hügel aus. Beim Erreichen des Dorfes Bukovica fällt am Straßenrand ein Bambushain von beachtlichem Umfang auf, der zum Anwesen Valter Mlecniks gehört.

Bambuswald im Weinberg

Wenn Mlecnik mit seinem alten Raupenschlepper, mit dem schon der Vater die Äcker bestellte, die Straße überquert, ist er bereits mitten in einem seiner terrassierten Weinberge mit ihren akribisch gepflegten Rebzeilen. Wichtigste Sorte des Gutes ist der Chardonnay; von Tokaj und Merlot dagegen gibt es nur kleinere Mengen.

Auch Mlecnik ist ein überzeugter Ökowinzer. Seine Weine werden allesamt im Barrique ausgebaut, da das Holz in seinen Augen die Naturbelassenheit der Weine unterstreicht und ihnen wichtige Charaktermerkmale verleiht. Die Weißen liegen ein Jahr in den kleinen Fässern, Rote etwa zwei Jahre. Danach müssen alle Weine noch ein bis zwei Jahre auf der Flasche reifen. Sie zeigen dann meist eine feine Holznote und haben sich eine pikante Säure bewahrt.

Seit kurzem werden die Produkte des Hauses nicht mehr filtriert und erst kurz vor der Flaschenfüllung leicht geschwefelt. Selbst die verwendeten Korken müssen ohne chemische Behandlung hergestellt worden sein. Bei so viel Naturverbundenheit ist es nur selbstverständlich, daß Mlecnik die Bambusstangen aus seinem Hain als Stützpfähle für seine jungen Reben benutzt.

Von Bukovica aus führt die leider noch nicht gekennzeichnete Vipava-Weinstraße nach Dornberk. Der Fluß bildet hier eine große Schleife und gibt Raum für sonnenbeschienene Südhänge, an denen auch die Reben von Radivoj Lisjak wachsen. Mit acht Hektar Weinbergen betreibt dieser eines der größten privaten Weingüter des Vipava-Gebiets. Neben der flächenmäßig dominierenden und für das gesamte Tal typischen Sorte Rebula gedeihen hier vor allem die Burgundersorten vorzüglich.

Nach dem Ausbau in Edelstahltanks kommt ein Teil der trockenen Weine bei Lisjak rasch in die Flasche, was ihnen ihre Typizität und Harmonie erhält. Der Rest geht offen als Ausschankwein an die Gastronomie der Gegend. Wie fast alle Winzer Sloweniens bietet auch Lisjak einen Wein mit Restsüße an, in diesem Fall einen halbtrockenen Gelben Muskateller mit feinem Sortenaroma. Eine weitere Besonderheit des Gutes sind die einheimischen Sorten Pinela und Zelen, die Lisjak ihrer zarten Aromen wegen gerne zu Fischgerichten empfiehlt.

Der Sauvignon-Experte

Wie das italienische Collio-Gebiet bietet auch das Vipava-Tal ein ideales Terrain für den Sauvignon. Auf den Wein seiner wichtigsten Rebsorte ist Marjan Licen besonders stolz, gewann er mit seinem feinen Duft reifer Äpfel doch bereits eine Auszeichnung als bester trockener Weißwein Sloweniens. Empfehlenswert, besonders für Liebhaber halbtrockener Weine, ist aber auch der frisch-spritzige Muskateller des Betriebs.

Das Weingut Majan Licens liegt in Branik, unterhalb der Burg Rihemberk, einer der wichtigsten des Slowenischen Küstenlands. Weithin sichtbar erhebt sie sich über das Tal des Branica. Die mittelalterliche Anlage mit ihren wehrhaften Mauern wird von einem runden Turm im gotischen Stil beherrscht, der auch das Motiv für Licens Etiketten hergab. Schon vom Burgtor aus bietet sich ein schöner Blick über das Tal und die mit Reben und Wald bestandenen Hügel.

In vollen Zügen kann man diese Landschaft genießen, wenn man von Branik aus auf der Vipava-Weinstraße weiter nach Ajdovšcina fährt, einer Stadt, die zur Römerzeit als "Festung am kalten Fluß" bezeichnet wurde und in der noch Reste der römischen Festungsmauern zu sehen sind. Hier fand die historische Schlacht zwischen den Heeren West- und Ostroms unter Führung der beiden Kaiser Konstantin und Theodosius statt, die die Teilung des Reiches besiegelte.

An diese Schlacht vor 1600 Jahren erinnert ein Sekt, den die Weinkellerei Vipava 1894 unter dem Namen Theodosius im Jahr ihres hundertjährigen Bestehens herausbrachte. Die Wiege dieses halbtrockenen Jahrgangssekts steht in dem kleinen, malerischen Städtchen Vipava, dem einstigen Wippach, am Fuße der steilen Kalkfelsen des Nanos-Gebirges. Die Weinkellerei, die den Namen des Städtchens – zugleich auch der des Flusses und des Weinbaugebiets – trägt, ist mit dem Stadtzentrum über eine Lindenallee verbunden und leicht zu finden.

Sauvignon und Chardonnay sind die beiden Weißweine des Betriebs mit dem größten in- und ausländischen Renommee. Gerade die französischen Rebsorten haben im Vipavatal eine lange Tradition. Bei den blauen Sorten wird der Merlot am intensivsten kultiviert und bringt besonders im Gebiet von Biljenski Grici sehr gute Qualitäten hervor. In den letzten Jahren hat auch der Cabernet Sauvignon qualitätsmäßig deutlich aufgeholt, und beide Weine gibt es heute sowohl als frische, direkt aus dem Stahltank gefüllte wie auch als im Barrique gereifte Varianten.

Das Geheimnis für die nuancenreichen, fruchtigen, aber dennoch kräftigen und kaum vom Holz gezeichneten Barriqueweine liegt im gemischten Holzausbau: Zunächst lagern sie etwa sechs Monate lang im neuen Barrique-faß, anschließend eine Zeitlang in älteren Gebinden, was die Tannine abrunden und dem Wein eine feine, samtige Note verleihen soll. Eine weitere qualitative Steigerung stellen die Archivweine des Betriebs dar, die erst nach mindestens achtjähriger Lagerung in den Verkauf gelangen. Bei einer Weinprobe im rustikalen, im Tempelstil gebauten Restaurant Vipavski Hram sollte man es nicht versäumen, neben diesen Spezialitäten auch die beiden Produkte der einheimischen Sorten Pinela – von fruchtig-frischer Säure geprägt – und Zelen – blumig mit feiner Kräuternote und zarter Restsüße – zu probieren, nicht zu vergessen natürlich auch den hausgemachten Nanos-Käse.

Roter Wein von roter Erde

Vom italienischen Trieste aus gibt es zwei Möglichkeiten, ins Weinbaugebiet Kras zu fahren: über Villa Opicina auf der Autobahn nach Sezana oder etwas weiter südlich bei Basovizza in Richtung Lipica. Letzteres hat den Vorteil, daß man einen Abstecher zum weltberühmten Lipizzanergestüt einplanen kann. Ein weiteres touristisches Muß, gut zehn Kilometer jenseits der Grenze gelegen und über Lokev und Divaca zu erreichen, ist die unter Unesco-Schutz stehende Höhle von St. Kanzian, Škocjanske jame, die schönste Grotte Sloweniens mit dem tiefsten unterirdischen Graben Europas.

Sezana ist der Mittelpunkt des Karsts und zugleich südlichster Zipfel des Weinbaugebiets Kras. Wie im gesamten Gebiet dominiert auch auf den Hänge Sezanas der blaue Refošk, aus dem der Kraški Teran gekeltert wird, ein Wein mit jahrhundertealter Tradition, der wegen seiner angeblichen Heilwir-

Slowenische Nationalgerichte

Brodet – Suppe oder Gulasch aus Fischen und Meeresfrüchten
Gibanica – Backwerk mit Apfel-, Mohn-, Quark- oder Walnußfüllung
Jota – Eintopf aus sauren weißen Rüben (oder Sauerkraut), Kartoffeln, Bohnen, Rauchfleisch
Klobase s kislim zeljem (ribami) – gekochte Würste mit Sauerkraut (sauren weißen Rüben)
Panceta – luftgetrockneter Bauchspeck
Polenta – weißes oder gelbes gekochtes Maismehl
Potica – Backwerk mit Walnuß-, Mohn- oder Speckfüllung
Pršut – luftgetrockneter Schinken
Štruklji – Strudel aus Buchweizen- oder Maismehl mit Quark- oder Walnußfüllung

Schloß Vogrsko im Weinbaugebiet Vipava, das direkt an der italienisch-slowenischen Grenze beginnt und sich tief ins Landesinnere zieht.

kung schon zu Zeiten der Römer von Plinius erwähnt wurde. Die rote, kalkhaltige Karsterde und das besondere Klima in einer Höhe von etwa 300 Metern über dem Meeresspiegel bieten der Rebe günstige Reifebedingungen. Die Weine zeichnen sich durch eine intensive, dunkelrote bis violette Farbe, ein fruchtig-frisches Bukett und große Extraktdichte aus. Immer trocken und säurereich, ist er für manchen Gaumen mit Sicherheit gewöhnungsbedürftig.

Sein moderater Alkoholgehalt macht den Kraški Teran zu einem in der Region äußerst beliebten Schoppenwein, der in allen Gaststätten glasweise ausgeschenkt wird. Bei einer Trinktemperatur von etwa 14 °C schmeckt er zu allen landestypischen Gerichten, ganz besonders zum luftgetrockneten Karstschinken, der nationalen Spezialität Sloweniens.

Bedeutendster Betrieb Sezanas ist die Genossenschaftskellerei Vinakras, die neben dem Kraški Teran einen Archivwein namens Teranton anbietet. Wie der Name vermuten läßt, handelt es sich auch bei diesem Wein um einen Teran, der allerdings aus besonders reifen Trauben gekeltert wird, drei bis sechs Jahre in Eichenfässern und anschließend zwei bis vier Jahre auf der Flasche reift. Von dunkler, rubinroter Farbe und mit wesentlich besser ausbalancierter Säure entspricht er deshalb mehr dem internationalen Weingeschmack als der Kraški Teran.

Ein Karster Schlaufuchs

Die Weinstraße des Kras-Gebiets beginnt ebenfalls in Sezana und führt von hier aus über das Hochplateau in nördlicher Richtung. Auf ihr gelangt man zunächst nach Šmarje mit seiner gotischen Kirche, der ein frühbarocker Glockengiebel vorsteht. Das slowenische Wort "lisjak" bedeutet soviel wie Schlaufuchs, und Boris Lisjak in Dutovlje macht seinem Namen wirklich alle Ehre.

Nicht nur, daß er aus den Trauben hervorragender Lagen den besten Karster Teran erzeugt, er hat zudem eine originelle Vermarktungsidee in die Tat umgesetzt: Auf seinen Designerflaschen mit ihrer antik wirkenden Form ist in mehreren Sprachen die Aufforderung "Bleib jung!" zu lesen. Als Vorbild für diese Flaschen diente ein altes Gefäß aus dem 6. Jh v. Chr., das in einer der Karsthöhlen der Umgebung gefunden wurde und diese Aufschrift in illyrischer Sprache trägt.

Im Ausbau seiner Weine – Teran, Cabernet Sauvignon, Merlot und Chardonnay – hat Lisjak eine ausgefeilte Technik entwickelt, die eine geschickte Kombination von großem Holzfaß, Edelstahltanks und Barriquefässern vorsieht. Ergebnis dieser Methode sind gutstrukturierte, harmonische Weine, die genauso einladend sind wie der gepflegte Garten rund um das Haus im Weinfeld. Beim Besuch im Keller des Winzers sollte man sich den stilvollen Barriquekeller zeigen lassen, der 1998 als einer der schönsten Sloweniens ausgezeichnet wurde.

Auch Primoz Štokas Verkostungskeller wurde bereits prämiert. In Krajna Vas bei Du-

Das Städtchen Kanal im romantischen Tal der Soca, dem italienischen Isonzo.

tovlje schenkt der Winzer nicht nur seinen vorzüglichen Teran aus, sondern auch Cabernet Sauvignon und Chardonnay von guter Qualität. Mit dem 98er Jahrgang versuchte Štoka erstmals, im Barrique gereifte Weine der Sorten Teran und Merlot zu verschneiden.

Unweit von hier, in Godnje, produziert Edvin Širca einen im Holzfaß ausgebauten, rauchig-fruchtigen Teran mit herzhafter Säure sowie einen bemerkenswerten Sauvignon, den er als erster Winzer im Karstgebiet auspflanzte.

Informationsstellen - Empfehlenswerte Weinhandlungen

Vinothek Brenta
Kidrièeva cesta 37, 6000 Koper
066-23596
Mo - Fr 9:00 - 13:00 Uhr, 16:30 - 19:30 Uhr
Sa 9:00 - 13:00 Uhr

Obèina Brda
Trg 25. Maja 2, 5212 Dobrovo
065-42233 Fax 42233
Gemeindeverwaltung Brda, Informationen über die Winzer der Gemeinde
Mo - Fr 9:00 - 16:00 Uhr

Turisticna Agancija Brda
Grajska cesta 10, 5212 Dobrovo
065-45331 Fax 45331
Verkehrsbüro des Brda-Gebiets
Mo - Fr 9:00 - 12:00 Uhr, 16:00 - 18:00 Uhr
Sa 9:00 - 12:00 Uhr

Terra Rossa und Rustika

Auf dem Karstplateau in einer Höhe von 200 Metern, in unmittelbarer Nähe zur italienischen Grenze, liegen die Rebgärten von Branko & Vasja Cotar. Gärten ist wohl der einzig passende Ausdruck für die kleinen, von Vater und Sohn Cotar liebevoll gehegten Rebflächen. Die Böden hier sind äußerst karg, und es gibt nur wenige kleine Senken mit der fruchtbaren roten Erde. Branko Cotar hat deshalb zur Selbsthilfe gegriffen und auf mehreren Flächen den porösen Kalkfels mit schwerer Technik aufgebrochen, um dann rote Erde aufzuschütten. Auf fünf Hektar gedeihen seine Reben heute prächtig und bringen bei geringen Erträgen hohe Qualitäten.

In ihrem Weinkeller, der am Ortseingang von Gorjansko an der Weinstraße von Dutovlje nach Komen liegt, haben die Winzer noch einige Überraschungen parat. Ihr Spitzenprodukt ist die Cuvée namens Terra Rossa, die aus Teran, Cabernet Sauvignon und Merlot gekeltert wird. Vor dem Verschnitt lagern die Weine fünf Jahre im Barrique und anschließend noch ein Jahr auf der Flasche, bevor der Wein in den Verkauf gelangt. Abgefüllt wird das Gewächs in eine gedrungene Formflasche, die den Namen Rustika trägt.

Škocjanske jame Die Höhle von St. Kozian
Führungen Juni bis Sept. 10:00 - 17:00 Uhr , April, Mai und Okt. 10:00 - 15:30 Uhr
Nov. bis März nur So und Fei, 10:00 & 15:00 Uhr
Dauer der Führung: 2 Std.

Sogar der einfache Teran kommt bei den Cotars für einige Zeit ins Holzfaß, wodurch er nicht nur sehr harmonisch, sondern auch in manchen Jahren in gewissem Maße alterungsfähig wird. Das gleiche trifft auf die im Barrique gereiften Chardonnay, Sauvignon und Cabernet Sauvignon zu. In ihrem eigenen kleinen Restaurant beweist die Familie mit einem üppigen Zehn-Gang-Menü die Qualitäten ihrer Weine als Speisenbegleiter.

Die Karster Weinstraße endet mit einer Sehenswürdigkeit, die man keineswegs auslassen sollte: Es ist der Ort Štanjel – eine der ältesten und malerischsten Siedlungen des Karsts, deren teilweise unbewohnte Häuser in den engen Dorfgassen wirklich sehenswert sind. Das von einer Mauer umschlossene, mittelalterliche Kulturdenkmal, terrassenförmig an einer von weitem sichtbaren Hügelkuppe gelegen, scheint in diesen Jahren langsam aus seinem Dornröschenschlaf zu erwachen.

Sonne und Meer

Koper liegt an der slowenischen Adriaküste und ist die größte Stadt des gleichnamigen Weinbaugebiets. Hier kann man nicht nur Sonne tanken, sondern auch Wein. In der modern eingerichteten Vinothek der Kellerei Vinakoper jedenfalls stehen gleich mehrere regelrechte Zapfsäulen, aus denen man Wein in mitgebrachte Gefäße abfüllen kann. Trotz der funktionalen Gestaltung des Verkaufsraums mit seinen blitzenden Stahltanks – Nostalgie und Weinromantik wurden verbannt – mangelt es nicht an Kunden, die diese preiswerte Art des Weinkaufs schätzen.

Die Refošk-Weine von Vinakoper sind insgesamt leichter und weicher, weit weniger säure- oder tanningeprägt als der Teran des Karst-Gebiets. Was die Weißweine betrifft, so ragen insbesondere der Grauburgunder mit seinen fruchtigen Aromen und der geschmeidige Chardonnay heraus. Bemerkenswerte Qualitäten zeigen auch der im Holzfaß gereifte Cabernet Sauvignon und die im typischen Bordeaux-Stil gemachte Cuvée Capris aus Merlot, Cabernet franc und

Ars vini

Unter dem Namen Ars Vini haben sich 1997 die besten Privatwinzer Sloweniens zusammengeschlossen. Ihr Vorbild ist der Verband Deutscher Prädikats- und Qualitätsweingüter (VdP). Rund 45 Winzer wählten die ihrer Meinung nach besten Betriebe aus, die Ars Vini angehören dürfen. Derzeit zählen nur acht Betriebe zu dem erlesenen Kreis, von denen allein vier im Brda-Gebiet ansässig sind (Movia, S. Šcurek, M. Simcic und D. Kristancic). Im Vipavatal ist R. Lisjak Mitglied, die anderen drei Betriebe sind in den Weinbauregionen Podravje und Posavje beheimatet.

Cabernet Sauvignon. Vinakoper besitzt übrigens das mit stolzen 41.427 Litern Fassungsvermögen größte slowenische Weinfaß.

Neben der alles dominierenden Kellerei gibt es in diesem Gebiet nur wenige selbstvermarktende Betriebe. Wein wird hier meist nur zum Eigenbedarf gekeltert, und der Großteil der Trauben landet in den Stahltanks von Vinakoper. Ein Besuch bei Boris Bordon lohnt sich aber dennoch. Schon die Anfahrt zu Bordons Weingut in Dekani ist reizvoll: Der gutausgeschilderte Weg führt von den kleinen Ort aus durch das Tal des Rizana-Bachs zu einer ehemaligen Mühle mitten im Grünen. Unter großen Kiwipflanzen und schattenspendenden Bäumen schenkt die Familie Bordon ihren süffigen Refošk, ihren feinsamtigen Merlot, einen halbtrockenen Chardonnay und den im Anbaugebiet sehr beliebten Malvasier aus. In manchen Jahren werden auch spätgelesene Merlot-Trauben auf Matten zwei Monate lang getrocknet und liefern dann einen angenehmen, süßen Strohwein.

Index